Kryon
Das Buch der Heilung

Barbara Bessen

Kryon
Das Buch der Heilung

Edition Sternenprinz

© Hans-Nietsch-Verlag 2011
Alle Rechte vorbehalten.
Nachdruck, auch auszugsweise, nur mit ausdrücklicher
Genehmigung des Verlages gestattet.

4. Auflage Mai 2013

Korrektorat: Hans Jürgen Kugler
Innenlayout und Satz: Hans-Jürgen Maurer
Umschlaggestaltung: Peter Krafft
Druck: FINIDR, s.r.o., Český Těšín/
Tschechische Republik

Hans-Nietsch-Verlag
Am Himmelreich 7
79312 Emmendingen

www.nietsch.de
info@nietsch.de

ISBN 978-3-86264-179-6

Inhalt

Danksagung 7
Vorwort von Barbara 9
Vorwort von Kryon 13

Teil 1: Die Suche nach Heilung

Heilung als Weg 19
Die Erkenntnis, wer man ist 27
Die Idee des Vierkörpersystems 35
Das Ich des Physischen 46
Das Ich der Einheit 55

Teil 2: Die Werkzeuge zur ganzheitlichen Heilung

Die heilige Astrologie 69
Das eigene Universum erforschen und
   Symptome erkennen 78
Die Öffnung des Heiligen Höheren Herzens 88
Aus dem Herzen ganzheitliche Heilung kreieren 98
Die Goldene Welle der Heilung 107
Channeln (lernen), das Werkzeug der Verlichtung 116
Die Verbindung zum Höheren Selbst 126
Der Notfall-Selbsthilfe-Koffer für „harte"
   Zeiten der Transformation 135

Schlusswort von Kryon 140
Barbara persönlich: Mein (Weiblicher) Weg 143
Zur Autorin 155

Danksagung

Ich möchte mich hier gern einmal bei meinen vielen irdischen Helfern bedanken. Bei den Obigen, den Geistigen, tue ich das sehr oft. Ich bedanke mich bei all den Lesern der Bücher und den treuen Seminar- und Reisegästen, die mir ihr Vertrauen schenken. Ohne Sie könnte ich all dies ja nicht tun. Keine Leser, keine Bücher – keine Gäste, keine Seminare und Reisen. Ich liebe diese Arbeit und bin sehr dankbar dafür!

Mein Dank gebührt auch dem Verleger Hans Nietsch, der mir sein Vertrauen schenkt und meine Arbeit durch seine Basis stützt. Ich möchte mich außerdem bei dem Nietsch-Team bedanken, das ich leider nicht näher kenne. Lediglich Silvia Baumbach tritt öfter in mein Leben: Sie versorgt mich mit den Büchern, CDs und Karten auf den Seminaren. Danke, alles war immer pünktlich zur Stelle.

Zum guten Schluss bedanke ich mich sehr herzlich bei meiner Freundin Eva, die trotz ihrer großen Familie als menschlicher Engel liebevoll an meiner Seite steht!

Liebe Kryon-Freunde!

Herzlich willkommen im neuen Kryon-Buch! Ich freue mich sehr, wieder einmal geistige Botschaften für Sie von Kryon empfangen zu dürfen. Eigentlich müsste ich in der Vergangenheit sprechen, denn ich schreibe dieses Vorwort, nachdem ich das Buch diktiert bekommen habe. Diese Reihenfolge habe ich mir seit dem ersten Buch angewöhnt, da ich so schon in den Genuss von Kryon und seinen Energien gekommen bin. Ich weiß also, worum es geht und wie es sich anfühlt, denn ich war bei allen Kapiteln mittendrin. Das bin ich immer, wenn ich ein Buch von der geistigen Welt empfange. Ich tauche ganz in die Energien ab und gehe in die Übungen und Reisen hinein, die mir durchgegeben werden. Ich bin sozusagen das Versuchsobjekt, ich gehe zuerst durch die Energien hindurch.

Wie Sie vielleicht jetzt spüren, ist es mir gut bekommen. Ich bin voller Tatendrang und habe Lust auf neue andere Projekte, auch privater Natur. Man müsste ja eigentlich annehmen, ich sei jetzt erschöpft nach dem vielen Schreiben. Aber dem ist nicht so, ich habe aufgetankt und bin mit herrlichen Energien erfüllt. So ist es, mit Kryon und anderen geistigen Freunden und allem voran natürlich dem Höheren Selbst zu arbeiten. Ich kann es Ihnen nur wärmstens empfehlen. Darf ich Ihnen ein bisschen von den Energien herüberschicken. Kommt es an? Wundervoll!

Wir leben in einer aufregenden, aufreibenden und dennoch sehr spannenden Zeit. Als ich – vor nun schon zehn Jahren – intensiver mit der geistigen Welt zu arbeiten begann und damit nach außen ging, war die Energie auf der Erde noch nicht so hoch wie jetzt. Die Gruppe Kryon – beziehungsweise ein Teil davon: der Magnetische Meister –

richtete zu der Zeit noch das Magnetgitter der Erde für die großen Veränderungen der Erde neu aus. Auch damit mehr von dieser hohen Energie aus dem Zentrum der Galaxie durchkommen kann. Es war noch die Zeit, in der ich viele Rückführungen in andere Leben in Einzelsitzungen einleitete. Wir sind in andere Leben gegangen, um zu schauen, welche alten Muster das Leben beeinflussen, was den Menschen noch prägt, und um all das bewusst zu machen und dann mit Energie zu transformieren.

Heute ist das in dieser Form nicht mehr notwendig. Ich empfehle es höchstens, wenn es ganz wichtig ist, etwas anzuschauen. Durch die eigene reine Absicht und die vielen Werkzeuge, die uns heute von unseren höheren Anteilen und unseren geistigen Freunden angeboten werden, ist es viel leichter, sich zu klären, um tiefer in das eigene Sein zu gelangen und somit auch bewusster in die Eigenverantwortung zu schreiten. Ich spüre außerdem eine sehr große Kraft, die das alles unterstützt: Es ist die Gnade der Göttlichen Mutter.

Meine Erfahrung in den vielen Jahren, vor allem in den letzten beiden, zeigt: Es ist nun viel leichter, in sich selbst hineinzublicken und das eigene Universum zu bereisen, vielleicht das Innere Kind zu besuchen und zu nähren und den Inneren Mann und die Innere Frau kennenzulernen, um dann das eigene Feld, das Vierkörpersystem, mit der hohen Energie, die jetzt stärker und stärker in unser System hereinkommt, zu klären. Das ist so wichtig, damit man aus einem neutralen Feld heraus das Leben selbst bestimmen kann.

Es gibt heute viele Bücher und Informationen im Internet über die wahren Lenker der Wirtschaft und Politik, über die geheime Weltregierung und über manipulierende Außerirdische. Ebenso gibt es Informationen über die Brüder und Schwestern von anderen Planeten und Systemen, die uns sehr wohlgesinnt sind, die ihr eigenes Herz weit geöffnet haben und uns wirklich als Familie helfen wollen, wir selbst zu sein.

Viele Menschen, die zu mir kommen, fragen mich, was ich von diesen Verschwörungstheorien, von den Illuminati, halte. Ich habe viel darüber gelesen, all diese Bücher aber irgendwann beiseitegelegt. Ich meine, es ist gut, all das über die Reptoloiden, die uns manipulier(t)en, über unsere Entstehung, über die Manipulation unserer DNS, über die vielen Verbindungen der Politiker untereinander, über satanistische Gruppen, über die Nazibünde und ihre Reichsflugscheiben, über das Philadelphia-Projekt (Versuche mit der Zeit) und vieles mehr zu wissen. Aber nun möchte ich meinen Fokus auf mich und auf die Erweiterung meines Bewusstseins richten. Wenn ich immer mehr von all dem lesen würde, würde ich möglicherweise in die Angst, in die Empörung, sogar in Wut über all die Geschehnisse gehen – und genau das ist die Gefahr dabei. Es ist, wie gesagt, gut, Bescheid zu wissen, aber dann sollte man sich auch wieder sich selbst zuwenden und den eigenen inneren Weg gehen und sich von diesen Dingen abwenden. Und wenn wir unsere Gedanken klären, uns selbst ganz tief lieb haben, das Mitgefühl für uns und andere entdecken und Verantwortung für unser Leben übernehmen, entziehen wir uns diesen niederen Schwingungen. Alle Horrorszenarien, die sicher vielfach der Wahrheit entsprechen, können uns nur erreichen, berühren und uns weiter manipulieren, wenn wir diese niederen Schwingungen nähren, indem wir uns ständig damit beschäftigen. Das Leben gestaltet sich doch unterschiedlich, je nachdem, wohin ich meinen Fokus lenke ... und das sollten am besten das eigene Licht und das Licht der Quelle sein. Und ich bin ganz sicher: Die wahren Veränderungen, die wir so herbeisehnen, geschehen mit und durch jeden einzelnen Menschen und von der Ebene des Herzens aus.

Ich danke Kryon für seine wunderbaren Energien, Worte und Werkzeuge, die er uns hier ans Herz legt, weil sie wirklich in die Eigenverantwortung und somit in den Aufstieg führen.

Was mir außerdem sehr wichtig erscheint, ist, dass Sie verstehen: 2012 ist schon da, es wird jetzt gelebt, die Veränderungen geschehen jetzt und gehen weiter und weiter, unabhängig davon, ob zur Wintersonnenwende 2012 eine besondere Planetenkonstellation und Verbindung zu unserer Galaxie besteht. Deshalb ist es so wichtig, jetzt die Neuerungen und den Weg ins eigene Licht anzustreben und zu beschreiten!

In diesem Sinne wünsche ich Ihnen viel Freude und zahlreiche Erfahrungen mit diesem Buch!

Herzlichst
Ihre *Barbara Bessen*

Geliebtes Menschenwesen!

Sei herzlich gegrüßt, ich bin Kryon vom Magnetischen Dienst! Wie herrlich, dass wir uns wieder begegnen. Oder soll ich sagen: *bewusst* begegnen? Könnte es sein, dass ich immer ganz nah bei dir bin und du dir dessen nicht bewusst bist? Könnte es sein, dass ich immer da bin und da war, seit Anbeginn der Erde, und dass dies mein Dienst ist? Ich bin hier, um den Menschen zu dienen. Und ich bin hier, um der Erde zu dienen. Bemerkst du, dass ich erst den Menschen nenne und nicht die Erde? Ich könnte sie auch in umgekehrter Reihenfolge nennen, aber es ist einerlei, weil es hier keine Wertigkeit gibt, denn Erde und Mensch sind eins. Sie sind nicht trennbar. Die Menschen, die meinen, sie müssten ihre Aufmerksamkeit nur auf die höheren Welten richten, sind nicht auf dem Weg der wahren Erkenntnis. Zu verstehen, dass beide Wesen – Mensch und Erde – aufsteigen und sich in eine andere Ebene entwickeln, ist der Kern der Erkenntnis. Ihr seid nicht auf dem Weg fort von der Erde, sondern ihr seid mit der Erde, dem herrlichen Wesen Gaia, auf dem Weg in eine höhere Schwingungsebene.

Die Erde trifft in den nächsten Jahren immer mehr auf höhere Schwingungseinflüsse, das bewirkt eine Veränderung der Erde selbst und auch der Menschen. Kein Wesen auf der Erde ist davon ausgenommen. Und niemand kann das ändern oder verhindern. Der Weg für euch ist nun, sich dem zu stellen und das Allerbeste daraus zu machen. Dieses Buch soll ein Wegweiser für die Menschen sein, die sich jetzt für höhere Energien öffnen – wir sprechen oft von der Neuen Energie – und gleichsam *mit* der Erde diesen Schritt machen wollen. Es sind Ideen, Wegweiser, Werkzeuge und Ratschläge für die intensiven Zeiten der Veränderungen. Dies ist kein Buch der Hiobsbotschaften und der Angstverbreitung. Denn das, was nun mit Mutter Erde und der Menschheit geschieht, ist wirklich etwas Wunderbares, es ist ein weiterer Schritt auf dem Wege nach Hause. Und das ist es, was wir feiern wollen. Wir wollen keine Angst schüren oder Ausweglosigkeit verbreiten, das ist nicht notwendig. Das Fazit dieses Buches ist: **Lebe frei von Angst, begrüße die Veränderung der Erde und deines Seins. Sei tief in dir verankert, es wird dir an nichts mangeln.**

Betrachte dieses Buch als etwas, was du immer bei dir tragen kannst. Es sind nicht nur die Worte, die dich laben und die dir helfen, die starke Transformationsphase von Mensch und Erde gut zu durchlaufen, dieses Buch ist außerdem eine Energietankstelle, denn: Wann immer du es aufschlägst, nährt es dich. Es gibt dir die Energie, die du brauchst, um ganz bei dir zu sein. Was immer dich in deinem persönlichen Leben bewegt, in deinem Geschäfts- oder Freundesbereich, es sollte kein Drama mehr für dich sein. Die hohe Energie – das ist ein kosmisches Konzept –, die in diesem Buch enthalten ist, wird dir helfen, gut verankert in der Verbindung zu deinem Höheren Selbst und zu deinen höchsten Schöpferanteilen zu sein. Mit Letzteren meine ich nicht die Herren und Damen Schöpfergötter, die teilweise das Konzept der Dualität mit ihren im morphogenetischen Feld gespeicherten Informationen halten. Ich bringe dir Grüße und Energie von deinem wahren Zuhause, das außerhalb von Raum und Zeit liegt. In dieser Energie kannst du dich erinnern, wer du wirklich bist, du kannst Kontakt zu dir selbst aufnehmen und tief in eine göttliche Standfestigkeit eintauchen. Dieses Buch gibt dir außerdem viele praktische Anregungen, die dir helfen, den Weg deiner Bewusstseinserweiterung in aufrechter Haltung, frohen Mutes und mit ganz viel Lebensfreude zu gehen. Betrachte es als einen kleinen praktischen Ratgeber – Menschen lieben solche

Dinge –, der dir hilft, deine Ganzheit zu erkennen und anzunehmen. Das ist die wahre Heilung, die wir meinen. Du bist auf der höheren Schwingungsebene, auf deinem Weg nach Hause schon ganz und damit heil(ig). Heilig bist du, dein Name ist in den hohen Annalen der Schöpferebene als der eines mutigen Pioniers der dualistischen Zone dieses Universums wohl bekannt.

Erwache ganz, mein Liebes und mein Lieber, vertraue deinen Eingebungen und lass mich dir sagen: Du bist unendlich geliebt dafür, hier auf der Erde zu sein!

Nun erlaube mir, dass ich deine Hand nehme und dich beim Lesen begleite!

Ich bin in tiefer Liebe und Verbundenheit!
Kryon

Teil 1

Die Suche nach Heilung

Heilung als Weg

Wer glaubst du, bist du? Manche Menschen sind fest davon überzeugt, dass sie nur einmal leben. Sie glauben, *ein* Besuch auf der Erde sei alles. Was für eine Verschwendung wäre das, meinst du nicht auch? Richtig ist, dass du jedes Mal wieder neu die Figur erschaffst, die du bist. Du wählst dir auf der anderen Seite des Schleiers aus, welches Leben du als Nächstes leben möchtest. Ich vergleiche diese Suche gern mit der Arbeit an einem Computer. Du gibst ein, welche Themen du bearbeiten möchtest, und dann wählt der göttliche Computer aus, welches Land, welche Zeit und welche Eltern dafür am geeignetsten erscheinen. Das mag ein bisschen salopp klingen, aber, genau betrachtet, ist es so. Du bist der Gestalter, der Schöpfer deines Lebens. Genau genommen zeigt alles Vorgegebene lediglich eine Marschroute an. Nehmen wir an, du hast deine Eltern und die Umgebung nach deinen zu bearbeitenden Themenbereichen zusammengestellt. All die Dinge, wie passende Geburtsstunde etc. sind übrigens mit der heiligen Astrologie erklärbar. Sagen wir es einmal so: Du bist der User des Programms und du hast ein Hologramm deines nächsten Erdenlebens programmiert. Aber was du dann wirklich machst, wie du dich jeweils entscheidest, wenn du auf der Erde bist, das kannst du selbst auf der anderen Ebene nicht voraussehen. Die Astrologie erklärt, wenn man sie gut lesen kann, deine Themen; deine ausgesuchten Zeitschnittpunkte; wann welche Dinge am besten zu bearbeiten sind, wann das nächste passende Zeitfenster kommt, wenn du etwas ausgelassen hast, was du eigentlich bearbeiten wolltest. Die Zeit für eine Partnerschaft, für die Elternschaft und vieles mehr ist von einem kundigen Astrologen gut zu erkennen ... es ist alles in deinem Horoskop zu sehen. Aber ich wiederhole: Was du dann auf der Erde zu welchem Zeitpunkt wirklich tust, das unterliegt dem freien Willen. Das ist, ganz grob gesehen, dein Weg hier auf der Erde.

Einige von euch haben größere Pausen zwischen den Inkarnationen gewählt, andere wollen öfters und schnell wiederkommen. Das hängt auch damit zusammen, wie du dich auf der anderen Seite fühlst, was wiederum auch davon abhängt, wie du herübergekommen bist. Hast du gewusst, dass es weitergeht, oder hattest du Ängste vor dem Übergang? Hattest du tiefe Schuldgefühle und hast erwartet, dass dich ein strafendes Gericht auf der anderen Seite erwartet, weil du einige Verfehlungen begangen hattest? Wenn du ein bisschen oder sogar ein bisschen mehr erwacht warst, bist du bewusster in den Übergang hineingeglitten. Du wusstest, was dich erwartet, hast dich vielleicht sogar gut vorbereitet. Und natürlich haben viele Menschen, die schon oft – sicherlich auch in Mysterienschulen – inkarnierten, sich zum Erwachen gebracht oder bringen lassen. Das heißt, in dir sind Erfahrungen gespeichert, wie der Erdkreislauf funktioniert.

Lass mich dir noch sagen, dass du jedes Mal wieder neu ins Vergessen gestürzt wirst. Du weißt nicht mehr, wer du wirklich bist, du kennst deine verschiedenen Inkarnationen nicht, das würde ja den Erfolg des Unternehmens schmälern. Du fängst immer wieder neu an; das Einzige, was du mitbringst, ist dein Paket der, man könnte sagen, Altlasten – das, was oft als „Ursache und Wirkung" oder „Karma" beschrieben wird. Du bringst Dinge und Themen mit, die abgearbeitet werden müssen, und das tust du oft mit Seelen, mit denen du dich vorher absprichst. Sie sind deine Partner in verschiedenen Themenbereichen. Ob „gut" oder „schlecht", wie immer du es bewerten würdest, oft sind es gut bekannte Brüder oder Schwestern aus der geistigen Familie, die dir hierbei behilflich sind.

Du schneiderst dir immer wieder ein neues Erdenkleid, jeweils nach demselben Grundmuster. Aber was du genau in und mit diesem Kleid machst, kann nicht vorherbestimmt werden. Ich sag es gern noch einmal: Es gibt den freien Willen, der dich entscheiden lässt. Obwohl es in der Vergangenheit der Erde – und das ist das Verzwickte – so war, dass ein wahrhaft freier Wille oft nicht zum Tragen kam, denn wer entscheidet schon wirklich aus freiem Willen? Der freie Wille lässt dich immer der Situation entsprechend entscheiden. Und die Entscheidung wird oft aus vergangenen Erfahrungen heraus gefällt.

Fassen wir zusammen: Du lebtest wahrscheinlich viele Leben hier auf der Erde, jeweils in einem neuen „Kleid", das alte Grundmuster, sprich „Themen" in sich trug, die noch nicht bearbeitet wurden. Neue Muster kamen durch Prägungen von Erziehungsberechtigten, Eltern, Lehrern und durch neue Erfahrungen hinzu. Das war dein bisheriger Erdkreislauf. Dazwischen lagen unzählige Bemühungen, diesen Kreislauf zu beenden. Die genauen Schritte hierfür sind in vielen bekannten Hochkulturen für Erwachte in den Mysterienschulen angeboten worden. Bekannt sind sie aus China, Ägypten, Mexiko, Tibet und vielen anderen Kulturen und Zeitaltern. Der Abschluss in diesen Schulen wäre dann ein Aufstieg in höhere Ebenen gewesen. Aber wahrscheinlich hast du beim Abschluss gefehlt, sonst wärest du nicht mehr hier. Oder gehörst du zu denen, die ein Bodhisattva-Gelübde abgelegt haben? Das bedeutet, dass du so lange hier bleibst, bis die nächste Welle des Aufstiegs ansteht, und das wäre jetzt.

Atlantis gehört zu den Erfahrungsparametern, die vielfältig sind, weil hier über einen langen Zeitraum viele Seelen öfter inkarnierten und dementsprechend, angefangen vom lichten Zeitalter bis zu verdunkelten, außerirdisch manipulierten Zeiten, alles miterlebt haben. Viele Menschen tragen noch alte Traumata aus dieser Ära in sich. Diese sind vielfach ansatzweise schon bearbeitet. Aber manchmal wirkt das morphogenetische Feld in den Menschen weiter, weil sie in Resonanz mit dem gehen, was zurzeit auf der Erde geschieht, oder weil sie Menschen begegnen, die an ähnlichen Themen arbeiten und sie wieder mit in dieses Feld hineinziehen. Im Augenblick wird – schaut euch die Veränderungen im politischen und wirtschaftlichen und auch im sozialen Bereich an – viel an Machtthemen gearbeitet. Das geschieht schon seit circa dreißig Jahren und spitzt sich im Moment zu, weil all das, was noch keine Veränderung erfahren hat, jetzt in die extreme Dualität rutscht. Das ist wie das Phänomen des Phönix aus der Asche: Alles Alte muss zusammenbrechen, damit sich das neue Zeitalter etablieren kann.

Wie fühlst du dich jetzt? Hast du bemerkt, dass ich dich mit auf eine kurze Zeitreise genommen und dir ein paar Szenarien aus deiner Vergangenheit gezeigt habe? Lass sie los. Die Zeit der Reinkarnationstherapien ist vorbei. Wir helfen dir, das Alte loszulassen, damit du dich aus der Nullzone, aus dem freien Feld heraus- und in die Neue Energie hineinbegeben, den Weg der Heilung einschlagen kannst.

Es ist die Zeit der Heilung. Und „Heilung" heißt, alles Alte, das du in dir gespeichert hast, muss ausgeschieden werden. Das ist gewiss nicht immer ganz einfach. Denn du stehst mit einem Bein in der Dualität und mit dem anderen in höheren Ebenen. Da bist schon seit geraumer Zeit du, intensivst seit der Harmonischen Konvergenz 1987. Diejenigen von euch, die jünger sind, kommen schon mit ganz anderen Voraussetzungen hier auf die Erde. Ihre DNS ist bereits verändert und sie sind mit einem erweiterten Bewusstsein hier. Das erkennt ihr daran, dass sie vieles von den alten Vorgaben, wie man zu leben hätte, nicht akzeptieren. Ihr sprecht oft von „Indigo-Kindern", von „Sternenkindern" und von „Kristallkindern". Das sind irdische Namen für Seelen, die nicht mehr die starken Prägungen haben wie die meisten älteren Seelen, die jetzt ebenfalls hier leben. Die „neuen" Seelen haben teilweise auch noch keine Leben hier gelebt. Sie sind ganz „frisch" und voller Tatendrang, was bei euch alten Seelen, die schon so lange hier inkarnieren, oft nicht mehr der Fall ist. Ihr seid erdenmüde, stimmt's? Lasst mich euch sagen, dass viele von den neuen Kindern große Liebe für und Achtung vor euch in sich tragen. Sie sehen die Lasten, die ihr noch auflösen wollt, und möchten euch helfen. Doch diese Hilfe wird von erwachsenen alten Seelen oft nicht wahrgenommen oder falsch interpretiert. Wenn man heute einen Blick in die Chefetagen wirft, sind da schon die „neuen Kinder" als Entscheidungsträger zu finden, und sie arbeiten häufig mit älteren Menschen zusammen, die alte Seelen sind. Das ist mit Schwierigkeiten verbunden: Der große Mut, die Lust zu verändern, wird von den alten Seelen immer wieder als schwer umsetzbar angesehen, haben sie doch ihre alten Erfahrungen, die sie bremsen. Die Neuen sind voller Kraft und Übermut und wollen den anderen den Weg ebnen. Denn jede Seele, die den großen Wandel unterstützt, wird jetzt gebraucht. Es ist keine Zeit zu vertrödeln.

Das ist nicht fordernd gemeint. Ich appelliere an eure Visionen: Hattest du nicht auch in vielen Leben die Idee, alles könnte ganz anders sein? Warst du vielleicht der Visionär, der die Glühlampe erfand? Bist du der Mensch, der viele Zusammenhänge in der hohen Kabbala erkannte? Bist du vielleicht der große Dichter und Denker, der im alten Rom lebte? Große Müdigkeit hat sich bei den Pionieren der ersten Stunde breitgemacht. In den Adern der Jungen fließt im wahrsten Sinne des Wortes „frisches Blut". Und das Besondere daran ist: Es ist karmafrei. Daher die Bereitschaft, keine

Kompromisse einzugehen. Möglicherweise fühlst du dich angesprochen? Ja? Dann lehne dich zurück, überlege kurz, welche Situation in deinem Leben gerade so ist, als seiest du stecken geblieben: Wo hat dich der Mut verlassen? Beobachte die neuen Kinder und klinke dich in ihre Energie ein, das gibt frischen Mut und Kraft für deine weiteren Schritte jetzt hier in dieser Erdinkarnation.

Du bist hier, um dabei mitzuhelfen, die Erde zu verändern. Du bist vielleicht in diesem Leben durch viele Höhen und Tiefen gegangen, das sind viele alten Seelen. Du bist möglicherweise wirklich sehr müde und lässt deine Schultern ein bisschen hängen. Die Lebensfreude, die ganz junge Seelen – ich spreche hier nicht unbedingt von den weisen neuen Kindern – empfinden, ist für dich nichts Erfrischendes, Lebenslustiges. Du hast keine Lust auf dualistische Späße. Du hast eher die Lust, einen energetischen Düsenjet zu kreieren und die Erde sofort zu verlassen. Hast du dich manches Mal gefragt: „Wie konnte ich mich bloß auf so etwas wieder einlassen? Wieso bin ich schon wieder hier? Ich kenne das doch alles. Nichts Neues offenbart sich mir. Ich war alles, was man hier sein kann: König und Bettler, Frau und Mann. Ich habe geliebt, gesündigt, gefoltert, gehungert, geholfen und Mut zugesprochen. Ich möchte auf zu neuen Ufern!"

Ich verstehe das gut. Ich lege meine Hand auf deinen Kopf und gebe dir schnell einen Schub Energie, damit deine Gedanken sich verändern. Hast du vergessen, dass du deines Glückes Schmied bist? Hast du vergessen, dass du selbst dieses Leben bestimmst? Wahrscheinlich – oder eher sicherlich – weißt du es, kannst es aber im täglichen Sein nicht umsetzen. Du switchst immer wieder wie bei deinem Fernsehgerät zwischen den verschiedenen irdischen Programmen hin und her. Eben war es die Information der Demonstrationen in Ägypten; dann Dammbrüche in China; Flüsse, die über ihre Ufer treten, in Deutschland; Attentate in Afghanistan und *last, but not least* die schlechten Noten deiner Tochter im Zeugnis, die dich natürlich auch bewegen. Alles Hiobsbotschaften, nicht wahr? Alles Geschehnisse, die dein Leben immer wieder in bestimmte Bahnen lenken. Was du nicht mehr willst, geschieht dir immer wieder beziehungsweise findet immer wieder Zugang zu deinem Leben. Du kannst den geistigen Pfad oft nicht halten. Gespräche mit der geistigen Welt wollen auch nicht so gelingen. Das alles ist nicht einfach, nicht wahr? Ich fühle mit dir! Da haben es die jungen, interessierten Seelen meist ein bisschen einfacher. Sie lieben die Dualität, die Masken, aus denen die Träume sind. Damit kann man dich nur noch zeitweilig vom Sofa weglocken. Du brauchst kein Haus, das du abbezahlst: Wofür auch, du bist ja eh bald wieder weg? Du brauchst kein Studium, weil das wahre Wissen ein anderes ist und in dir steckt. Du siehst, wie die Wirtschaft funktioniert, und erkennst, dass sowieso alles manipuliert ist. Du weißt, wie Werbung funktioniert. Und du bist es leid, dein Gewicht mit irgendwelchen Hungerkuren auf Gardemaß zu halten. Tja, was machen wir denn mit dir? Vielleicht tröstet es dich, dass du kein Einzelfall bist. Möglicherweise ist dennoch niemand in deinem Umfeld, dem es ähnlich ergeht. Das liegt daran, dass lichtvoll arbeitende Seelen nicht alle an einem Ort leben. Das würde ja auch keinen Sinn machen, oder?

Ich möchte alle, die so ähnlich denken, trösten und sanft in den Arm kneifen. Ich achte und ehre dich dafür, dass du hier jetzt auf der Erde bist. Hab Geduld, die großen Veränderungen, für die du gekommen bist, sind eingeläutet. Du bist eines der vielen kleinen Rädchen im Uhrwerk. Es ist wichtig, dass du dich so annimmst, wie du bist. Du bist gut, wie du bist. Erhebe dich, strecke dich – Erzengel Michael arbeitet gern an deiner nicht aufgerichteten Wirbelsäule – und dann sage dir voller Kraft: „Ich bin hier, um zu dienen, mir selbst und der Erde und allen Wesen, die ich mit meiner Energie berühren darf!" Wenn du diese Sätze in aufrechter Haltung laut ausgesprochen hast, ist das wie eine kleine Initiation. Wir alle – auch die, die du nicht sehen kannst – haben das gehört. Und, glaube mir, es bleibt nicht ohne Wirkung.

Heilung, heil zu werden, ist ein Weg. Es ist der Weg, den der Mensch hier auf der Erde geht. Es ist der Weg, die Materie in Licht zu verwandeln. Du bist hier, um mit deinem Körpersystem dieses Licht in dir und dann auf der Erde einzurichten. Das ist Heilung auf verschiedenen Ebenen. Und du bist, wie gesagt, deshalb hier. Wie fühlst du dich als Bote Gottes?

Die Erkenntnis, wer man ist

„Was ist ein Mensch? Wer ist Mensch? Wie wird man Mensch?", das sind die Fragen, die sich jeder, der hier inkarniert, irgendwann stellt. Manche Seelen sind schon sehr lang hier und inkarnieren teils auch deshalb immer wieder, weil sie hier im Dienst sind. Von diesen haben die meisten schon die alten, hohen Zivilisationen erlebt. Man wusste dort um das Höhere Selbst. Man wusste auch, dass wir Geist sind, der kurzfristig in einem Körper wohnt. Wer schon so lange auf der Erde ist – und das ist ein kleiner Prozentsatz der jetzt hier auf der Erde lebenden Seelen –, der hat immense Erfahrungen in sich gespeichert und weiß tief in sich, wer er ist. Gehen wir davon aus, dass viele Menschen nicht wissen, wer sie sind. Das hängt unter anderem mit den Religionen zusammen, die ein bestimmtes Bild des irdischen Daseins vermitteln. Es sind Vorgaben – ich bin da ganz offen und ehrlich –, die nicht der Wahrheit entsprechen. Alle Religionsstifter, die hier zur Erde kamen, um den Menschen zu helfen, waren in göttlicher Mission unterwegs. Aber alle Religionen sind so, wie sie jetzt gelebt werden, manipuliert. Keine entspricht dem oder vermittelt das, was ihr Initiator mitbrachte beziehungsweise gechannelt bekam. Der Kern jeder Mission eines Religionsstifters war es, den Menschen zu vermitteln: „Du bist Geist in einem Körper. In dir wohnt Gott. Du bist ein Teil von Gott. Gott ist nicht im Außen." Dementsprechend waren die Ideen, die Wegweiser und Hilfen, die sie mitbrachten und die die Menschen lehrten. Davon ist leider nur ein Kern übrig geblieben. Im Laufe der vielen Jahre haben die jeweiligen Machthaber alles so verändert, dass sie Macht über die Menschen behalten können. Viele Menschen in östlichen Kulturen sind davon überzeugt, dass sie wiedergeboren werden. Aber selbst diese Gewissheit hat sie, zusammen mit der Religion, die sie leben, nicht davor verschont, dass die jeweiligen Herrscher und Hüter des Wissens gewisse Doktrinen an sie weitergaben, die vorgeben, was zu tun ist, damit man nicht mehr wiedergeboren wird. Und einiges davon hat nichts mit den wahren Überlieferungen und dem Göttlichen Weg zu tun.

Lassen wir das beiseite und schauen wir auf die jetzige Zeit, die Zeit des Wandels. Jeder Mensch hat heute die Möglichkeit – die hohen Energien machen es möglich –, in sich selbst hineinzuschauen und sich zu erforschen. Irgendwann – und dabei ist es einerlei, ob es nun eine junge Seele ist, die neu in diesem dualistischen System ist und ihre Erfahrungen machen möchte, oder eine, die schon länger inkarniert – taucht die Frage auf: „Wer bin ich?" Viele Philosophen aller Kontinente gaben zu diesem Thema ihre Einsichten und Eingebungen zum Besten. Und so mancher Mensch heute studiert das große Angebot an Schriften. Im Westen sind in den letzten Jahrzehnten viele neue Ideen und Schulen entstanden, manche nennen es „New Age". Wie sagt ihr Europäer so schön: „Viele Wege führen nach Rom." Damit will ich sagen, dass es keine festgelegte Marschroute für das Erwachen eines Menschen gibt. Deshalb sind vorgegebene religiöse Denkansätze oft eine Einengung. Sie lassen keine individuelle Möglichkeit zu, sich selbst zu entdecken. Was viele Menschen nicht wissen oder höchstens erahnen, ist: Der Geist in jedem Körper entspricht einem höheren Lichtwesen, das hier ist, um irdische Erfahrungen zu machen. Man könnte es auch so formulieren: Sehr hohe Götter sandten Anteile ihres Selbst aus, um das, was sie selbst erschaffen hatten – die Erde und vielleicht sogar das gesamte dualistische System – hautnah zu erfahren.

Niemand, der hier lebt, ist nur Mensch. Doch die Unmengen an Informationen, denen sie hier ausgesetzt sind, die das Feld um die Erde herum speisen, lässt uns das glauben. Es gibt nicht nur ein Leben, es gibt viele. Und wie viele jeder Mensch lebt, das hängt von seiner eigenen Erkenntnis ab. Wenn ein Mensch schon in einem Leben erkennt, wer er wirklich ist, und den Fluss der Göttlichen Liebe in sich selbst zum Fließen bringt, kann der Kreislauf hier abgeschlossen sein. Einfach ausgedrückt: Der Mensch muss die Kraft der Göttlichen Liebe in sich selbst entdecken und zum Fließen bringen – damit verändert er die Materie, sie wird wieder zu Licht. Und, wie gesagt, wie viele Erdenleben er dafür braucht, das ist fast seine eigene Entscheidung. Obwohl das Höhere Selbst, eben das hohe Lichtwesen, da noch ein Wörtchen mitredet. Wenn das Höhere Selbst Erfahrungen machen will, wird der Mensch einen neuen Aspekt finden, ein neues Kleid anlegen und mit verschiedenen Grundmustern – karmischen Imprinten und alten Mustern aus anderen Leben – und neuen Erfahrungen den neuen Menschen kreieren.

Es ist so wichtig für den erwachenden Menschen, diesen Kreislauf zu verstehen. Der Mensch, der jetzt hier lebt, ist ein Konglomerat von abzuarbeitenden alten Erfahrungen aus anderen Leben und von neuen Erfahrungen, die sich dann vermischen. Daraus wird der Mensch und das, was er ist. Jedem Menschen ist die Möglichkeit gegeben, sich im Laufe eines Lebens grundlegend zu verändern, treffender gesagt, zu veredeln. Er hat durch den freien Willen die Möglichkeit, alles zu verändern, auszugleichen und neu zu formen. Sogar die Idee der Verjüngung, die ja so viele Menschen bewegt, entstammt diesem Prinzip. Der Körper ist für Tausende von Jahren konzipiert. Das ist natürlich auch ein bisschen von der Umwelt abhängig. Es gibt Gegenden und einsame Plätze auf der Erde, wo Menschen Tausende von

Jahren leben. Vielfach sind sie allerdings nicht ständig im Körper, sondern wandern in ihren höherschwingenden Körpern und kommen nur ab und zu in den irdischen Leib. Vielleicht, um etwas Wichtiges zu erledigen.

Bleiben wir bei dem Menschen, der du bist. Du bist hier, um dich zu erfahren, das bedeutet: Du probierst aus. Wenn ein kleines Kind die Erde neu kennenlernt, zeigt man ihm, dass eine Herdplatte heiß ist, und es gut ist, nicht darauf zu fassen. Aber manchmal braucht der Mensch die Erfahrung, wie es ist, wenn man seine Hand auf eine heiße Herdplatte legt. Damit will ich sagen: Jeder entscheidet selbst, ob er die Herdplatte berührt oder dem Hinweis der Mutter vertraut und es unterlässt. Das gilt für alle Erfahrungen. Wenn jemand seinem Gefühl, das im Heiligen Höheren Herzen liegt, vertraut und dieser kleinen leisen Stimme folgt, sind gewisse Erfahrungen nicht notwendig. Das ist seit Anbeginn der Zeit hier so. In Lemuria haben die Menschen engen Kontakt zu ihrem Höheren Selbst gehabt und waren immer von ihm geführt. Das bedeutete: Sie waren heil. Wenn sie aus dieser tiefen Verbindung herausfielen, wurden sie krank. Damals gab es viele Menschen, die dann ihre heilerischen Fähigkeiten einsetzten, in den Kranken hineinschauten, sahen, wo das Ungleichgewicht, wo mangelndes Gottvertrauen war, und dementsprechend handelten. Sie heilten durch die Energie einer Pflanze, durch lange Spaziergänge in der Natur, durch ein Gespräch, eine Farbbehandlung und vieles andere mehr. Du bemerkst sicher, dass es keine künstlichen Hilfen waren, nichts Technisches, keine Wissenschaft im herkömmlichen Sinne. Es geschah natürlich, naturverbunden. Meist war der Mensch dann nach kurzer Zeit der Behandlung wieder ganz, er war heil. Er war wieder in seiner Mitte und erfreute sich weiter, eng verbunden mit dem Höheren Selbst, an der wunderbaren Erde.

Die Erkenntnis, wer man ist

Heute fällt es den meisten Menschen nicht leicht, sich ganz in sich selbst zu versenken, das äußere Sein macht es ihnen schwer. Sie leben in einer Welt, die unentwegt in Aktion ist, und das beeinflusst sie. Es wird euch vorgegeben, wie ein heutiger Mensch zu sein hat. Die Wissenschaften sagen euch, was gut und was schlecht ist, was der Körper braucht, wie die Erde und das Umfeld auf euch wirken, wie der Körper funktioniert und vieles mehr. Alles wird über das nach außen gerichtete Auge beurteilt. Wissenschaft braucht Beweise und die sucht sie im Außen. Das Innere, die Esoterik, spielt dabei meist keine Rolle. Doch das Gute ist, dass viele Menschen wach werden und sich umsehen, was es *noch* gibt. Und viele davon sind alte Seelen, die sich erinnern. Wenn jemand noch nicht so oft inkarniert war, kann er sich nicht auf alte Erfahrungen rückbesinnen, weil er solche nicht hat. Es wäre ihm allerdings möglich, all das zu erfahren, was die ganze Menschheit je erlebt hat. Er müsste sich nur an das erdumfassende Feld, die Akasha, anbinden und tief in es hineinschauen, dann würde er die gewünschte Information erhalten.

Viele Menschen erwachen jetzt, aber jeder tut dies auf seine Art. Da gibt es keine festgelegte Marschroute, und vielfach hat das nicht unbedingt mit den Engeln zu tun, über die viel erzählt wird. Der Weg der Erkenntnis kann vielfältig sein und ist immer in Ordnung für denjenigen, der ihn geht. Der eine nimmt den beschwerlicheren, anstrengenderen Weg des Erkennens wie ein Alpinist es bei der Besteigung eines Berges tut, der andere ist eher ein Spaziergänger, er ist langsamer, nimmt den Weg um den Berg herum nach oben. Beide kommen an; der eine ist vielleicht eher da, möglicherweise ein bisschen erschöpft und voll mit Informationen. Sicher braucht er dann ein bisschen Ruhe, um das Erschaute wirken zu lassen. Möglicherweise wurde er auch dann und wann ein Stückchen zurückgeworfen, weil seine Schuhe ihm nicht genug Halt gaben, doch er gab nicht auf auf dem wohl recht strapaziösen Weg nach oben.

Lass mich kurz fragen: „Wo siehst du dich? Bist du der ehrgeizige Alpinist oder bist du der Spaziergänger, der seinen Weg genießt? Oder bist du beides? Oder gehst du deinen Weg, je nachdem wie es dir gerade geht und wie der Weg sich dir zeigt?" Auch das ist geehrt und geliebt. Diejenigen Leser, die viel lesen und viele Seminare besuchen, kennen alle Typen von Erwachten. Worauf ich hinaus will, ist: Irgendwann kommt jeder auf die Idee, dass er seinen eigenen Weg der Entwicklung hat. Und das ist der Richtige. Nur der selbst erkannte Weg des Erwachens ist der passende. Niemand kann einem sagen, was gut für einen ist. Niemand. Höchstens das eigene Höhere Selbst oder die geistigen hohen Führer, die dich ganzheitlich sehen. Denn sie wissen, was jetzt für dich ansteht, und das ist mit dem äußeren Auge nicht sichtbar. Der eigene innere Pfad ist der geheime Weg. Das ist wahre Esoterik. Sie ist nicht auf dem Papier festgehalten oder gar im Internet. Wer will wissen, was du wirklich brauchst? Das kannst nur du selbst herausfinden. Und hier beginnen die meisten Irrwege: Man lässt sich überreden, dieses und jenes als Stimulans für die eigene Entwicklung zu tun. Im Zweifelsfalle ist auch hier weniger mehr. Ein paar Stunden in der Woche ganz mit sich allein zu sein, ohne äußere Einflüsse, ist sehr wichtig. Am besten nimmst du dir eine solche Zeit der Stille jeden Tag. Es ist gut, in sich hineinzuhorchen, dem Atem zu lauschen, sich selbst zu erforschen. Was weißt du über deine körperlichen Funktionen? Das, was dir ein Arzt sagt oder ein Heilpraktiker? Hast du schon einmal deinen Körper selbst gefragt?

Ich würde dich jetzt gern an die Hand nehmen und dir kurz deinen Körper vorstellen: Er ist Bewusstsein und freut sich, wenn du ihn direkt ansprichst. Ich kenne Menschen, die sich die Zentrale des Körpers wie eine Kommandozentrale vorstellen. Sie begeben sich dorthin und sprechen mit dem Kommandeur. Es ist beachtlich, was man dort alles über sich selbst und die Funktionen des Körpers erfahren kann. Lass dir versichern, dass jede Zelle deines Körpers weiß, wer du bist und welche Themen du mit auf die Erde brachtest, denn es steckt in ihrer Programmierung. Deshalb sprechen wir auch immer davon, wie wichtig es ist, sich mit den Zellen zu unterhalten. Die Kunst ist, sie umzuprogrammieren, das heißt, von den alten Speicherungen zu befreien. In dir sind auch die Erfahrungen deiner Familie aufbewahrt. Die körperliche Familie, die die Informationen ihrer Eigenarten und Krankheiten an dich weitergibt. Das trägst du alles in dir. Lass mich dir sagen: Du bist ein wahres Wunderwerk!

Jetzt schließe deine Augen und begib dich in deinen Körper. Vielleicht möchtest du mit einem speziellen Teil beginnen, möglicherweise mit deinem Fuß? Frag ihn, wie es ihm geht. Beginne eine Unterhaltung. Das ist eine gute Gelegenheit, ihn zu fragen, warum er öfter schmerzt, was er zu deinen neuen Schuhen sagt und so weiter. Oder du bewegst dich im Geiste an einen Ort, wo du die Zentrale vermutest. Liegt sie im Gehirn oder im Herzen oder in beidem? Diese kleine Reise solltest du beliebig erweitern. Stell dir vor, du sprichst mit deinem Fuß über die neuen Schuhe, und er lässt dich wissen, welche Art von Schuhen er bevorzugt. Du hörst auf seinen Hinweis und deine Füße tun dir nicht mehr weh. Ist das nicht wahre Teamarbeit? Oder du fragst dein Herz, was es zu deiner neuen Freundin sagt oder wie du dich bei einer Auseinandersetzung verhalten solltest. Dann stell dir vor, du nimmst diesen Rat an und die Situation im Außen verändert sich dadurch. Ist das nicht fantastisch?

Nehmen wir noch ein Beispiel: Du hast Kiefernschmerzen. Du fragst deinen Unterkiefer, was ihn dazu bewegt, dir solche

Schmerzen zu bereiten. Vielleicht bekommst du Bilder, wenn du tief in diesen Schmerz hineingehst? Vielleicht rutschst du in eine andere Inkarnation und verstehst, warum der Schmerz da ist? Hier wird wohl gerade etwas transformiert. Oder du bekommst Bilder von einer Sache, die dich gerade sehr bewegt. Du beißt in der Nacht auf deine Zähne, da ist ein starker Druck. Jetzt weißt du, warum du diese Schmerzen hast, und kannst agieren, indem du die Situation, die dich so mitnimmt, mit deinem Herzen besprichst. Und vielleicht gönnst du dir eine gute Behandlung zur Lockerung deines Kiefers bei einem Fachmann. Manchmal ist dann auch der Besuch bei einem Zahnarzt oder Kieferorthopäden unumgänglich. Gut wäre, du hättest einen, der all diese ganzheitlichen Einsichten mit dir teilt.

Wer auf diese Weise intensiv mit seinem Körper arbeitet, bekommt ein gutes Verhältnis zu ihm. Der kann wahrlich sagen: „Ich bin Geist und Körper." Es ist nicht nur so, dass der Geist sich in den Körper hineinbegeben hat, um hier Erfahrungen zu machen. Der Geist hat sich mit dem Körper verbunden. Du glaubst nicht, wie viele Menschen es gibt, die kein Verhältnis zu ihrem Körper haben. Sie betrachten ihn als Gefährt, das bitte zu funktionieren hat. Dabei seid ihr – du und dein Körper – ein Team. Geehrt ist der Mensch, der diese Erkenntnis hat und sie umsetzt. Lerne deinen Körper, das Bewusstsein „Körper", kennen. Es ist wichtig, mit diesem Teil deiner selbst, der die Erde repräsentiert, vertraut zu sein. Denn ihr beide sitzt in einem Boot, das nun in einen neuen Hafen einläuft, in den einer höheren Schwingung. Je mehr du mit deinem Göttlichen Gefährt arbeitest, desto mehr wird dein Körper „verlichtet", wie wir es salopp nennen. Deine Zellen wissen nun: Wir sind auf dem Weg nach Hause. „Verlichtung" bedeutet eine Erweiterung deines Bewusstseins, was auch eine Klärung deiner Zellen und eine Neuprogrammierung beinhaltet. Ist das nicht wundervoll?

Die Idee des Vierkörpersystems

Ich bin das, was man einen „Lehrer der Menschen" nennt. Bei dem Wort „Lehrer" bekommt ihr möglicherweise einen leichten Widerwillen, nicht wahr? Der Lehrer ist bei euch meist mit unangenehmen Erinnerungen verbunden. Da geht es um Gehorchen und Unterordnung. Die wenigsten von euch haben in diesem Leben eine Schule gewählt oder wählen lassen, in der human unterrichtet wird, nämlich spielerisch und mit dem Grundprinzip der Liebe verbunden. Ihr habt mit Widerwillen und zum Teil auch mit Verweigerung, schmerzlichen Reaktionen und Symptomen einer Krankheit reagiert. Ihr wart oft froh, wenn ihr gemütlich zu Hause im Bett liegen bleiben konntet und Mama euch pflegte. Ja, die Erinnerungen an Lehrertum sind vielfältig. Wenn du nun tiefer in dein System eintauchst, wirst du vielleicht als alte Seele auch Lehrerattribute entdecken, die ganz anders sind und die sich auf den Schüler und seine Bedürfnisse ausrichten. Der Lehrstoff an sich ist da eher zweitrangig. Das sind die Erinnerungen an Lemuria und andere alte Zivilisationen, in denen du eng mit deinem Höheren Selbst verbunden warst. Du weißt in der Tiefe deines Seins, wie es ist, spielerisch und voller Freude an die Lehrstoffe heranzugehen. Möglicherweise sogar mit dem Wissen, dass du leicht an Erfahrungen aus anderen Leben anknüpfen kannst. Das ist es, was ich euch heute empfehlen möchte. Wenn du dich jetzt ganz auf meine Energie einstimmst, wirst du bemerken, dass du leicht in das hineingleitest, was ich dir vermitteln will: Du bekommst Bilder aus anderen Leben, in denen du selbst Lehrer warst. Dies geschieht wahrscheinlich in vielen Formen, und sicher warst du auch heilerisch tätig, oder du erinnerst dich, wie du von anderen behandelt wurdest. Dieses Wissen ist in dir gespeichert.

Es geht in diesem Buch darum, sich selbst in die Heilkraft zu bringen. Wir wollen das in vielerlei Hinsicht tun. Mit der reinen offenen Absicht – das ist die Grundvoraussetzung für alles – und mit den Attributen der hohen heiligen Heilkunst, die mit einem geistigen Ausgleich der Symptome zu tun hat. Wenn ein Mensch krank ist – ich spreche jetzt von den typischen Symptomen, wie Magendrücken, Husten, Schnupfen, den leichten äußerlichen Erscheinungsbildern, wie zum Beispiel auch einem aufgeschürften Knie oder einem verstauchten Arm –, ist das ein Hinweis, dass er in sich hineinschauen sollte. Dann gibt es auch Symptome, die stärker sind, deren Ursachen tiefer liegen und in denen Themen enthalten sind, die schon länger bearbeitet werden oder werden sollten. Das sind dann zum Beispiel Krebs, ein Magengeschwür, schwere Unfallverletzungen, ein Herzinfarkt, ein Schlaganfall und vieles andere mehr. In diesen Fällen hat sich das, was tief in euch gespeichert und nicht transformiert, also bearbeitet war, äußerlich stark manifestiert, um endlich gesehen zu werden. Seid sicher: Alles, was sich körperlich an Missständen offenbart, liegt in einem anderen Bereich, sozusagen ganz vorn, und will heraus beziehungsweise wahrgenommen und verändert werden. Ich möchte vollständigkeitshalber noch erwähnen, dass sich Menschen auch eine schwere Krankheit auswählen können, die schnell fortschreitet und zum Tod führt, weil sie die Erde verlassen möchten. Ihre Erdenzeit ist vorbei, ihr Themenkreis vollendet, oder die Seele beschließt, diese Inkarnation zu beenden, weil es so aussieht, als würde das Thema nicht mehr beendet werden können. Die Wege der Seele sind oft unergründbar und vielfach auch, irdisch beleuchtet, unverständlich. Das lässt sich allerdings sehr gut mit dem Höheren Selbst besprechen.

Die Idee des Vierkörpersystems

Der Mensch hat vier niedere Körper: Das körperliche Gefährt mit seinem Doppel, dem Ätherkörper, der ihn nährt. Darüber – eigentlich, genau genommen, durchweben sie sich – liegt der Emotionalkörper, der alle emotionalen Erinnerungen, die du je hattest, in sich trägt. Dann hast du den Mentalkörper, der deinen Verstand beeinflusst; auch er hat Speicherungen, die mit den Gedankenpaketen zu tun haben. Hier befindet sich der Kanal für Informationen aus den höheren Reichen. Außerdem hast du deinen spirituellen Körper, der all deine Verbindungen zu den höheren Welten und deinen dortigen Erfahrungen in sich trägt. Er ist sozusagen das Verbindungsglied zu deinen höheren Körpern. Insgesamt hast du so viele Körper, wie es Dimensionen gibt. Für dieses Universum sprechen die meisten Menschen von zwölf Dimensionen. Ich sage euch, es gibt viel mehr. Es gibt unendlich viele Parallelwelten, die sich alle überlappen. Gehen wir aber von klassischen Dimensionen aus, die mit Schwingungsunterschieden zu erklären sind, dann gibt es sechsunddreißig. Weitere Verbindungen und Schwingungsebenen sind dann mit anderen Universen verbunden, die hier nicht angesprochen werden.

In diesem Buch soll das Thema „Dimensionen" nur eine untergeordnete Rolle spielen, obgleich es hier um die irdischen Heilungen geht, die mit den Schwingungen verbunden sind, die in den ersten vier Ebenen der Dimensionen manifestiert sind, in denen du für deine Erderfahrungen jetzt existierst. Das sind das Mineralreich, das Elementarreich, der körperliche Bereich, die astrale und die mentale Ebene. In allen Dimensionen bist du enthalten und du wirkst dort beziehungsweise du wirst von anderen Wesen belebt und unterstützt. Du bist ein vielfältiges System, das hohe Wesen der Schöpfung kreiert haben. Du bist wahrlich ein Wunderwerk an Kreation. In dir sind viele Welten enthalten, die dich als ihr Universum betrachten. Das Universum ist nichts, was nicht seine eigene Welt des Wirkens hätte, und trotzdem ist alles in allem enthalten und alles miteinander verbunden. Und das beginnt bei den kleinsten Teilen der Schöpfung, die die Menschen „Strings" nennen. Weiter gedacht, gäbe es noch kleinere Partikel, die noch nicht von euch erkannt wurden. Aber wir wollen hier keine Quantenforschung betreiben, wir wollen dir helfen, dich zu verstehen, diesen Teil von dir, der irdisch gebunden ist und nun Hilfe für die Entlassung prägender Altlasten braucht.

Verstehe, dass in dir, in deinen Körpern – besonders im Emotional- und Mentalkörper – Informationen gespeichert sind von all dem, was du erlebt oder als Meinung oder als Bestandteil des irdischen Lebens angenommen hast. Diese Ideen oder Erlebnisse sind deine Stimulanzien, sie beleben deine Aktivitäten. Alles, was du im Leben tust, ist aus geprägten Vorstellungen und Erlebnissen und plötzlich neu erscheinenden Ideen geformt. Schon dein Morgen beginnt so. Beobachte einmal, was du frühstückst: Woher weißt du, dass das gut für dich ist? Warum isst du das? Weil man es dir von außen empfiehlt? Weil morgens im Westen der Erde so, mit kleinen Nuancen, gefrühstückt wird? Denk einmal über Folgendes nach: Irgendwann brachte ein Weltreisender den Kaffee in eure Länder. Nicht besonders löblich, weil Kaffee viele Funktionen im Körper stimuliert beziehungsweise behindert. Das ist ein umfassendes Thema, besonders in der Zeit, wo viele Gifte im Anbau und in der Aufbereitung von Kaffee benutzt werden. Interessant ist es, sich damit zu beschäftigen, was das geistige Prinzip von Kaffee mit dem Menschen macht. Das hier zu erörtern würde zu weit führen. Aber einen Tipp gebe ich gern: Verbinde dich im Geiste mit dem Prinzip „Kaffee". Sprich mit der Pflanzenstruktur und ihrer geistigen Blaupause. Welche Aufgabe hat sie hier auf der Erde? Du wirst erstaunt sein.

Schauen wir weiter: „Du bist, was du isst", hat ein kluger

Mann einmal gesagt. Das stimmt. Deine Nahrung bewirkt vieles in dir. Was du in dich hineingibst, wirkt nicht nur auf den Körper, sondern es verändert auch Gedankenstrukturen und Erlebnisse, die dein Körper hatte. Essen kann lichtvoll klärend sein oder gespeicherten Mustern neue, ihm innewohnende Muster hinzufügen und Erstere so verstärken. Spannend, nicht wahr? Unter diesen Aspekten einmal darauf zu schauen, was man isst, ist empfehlenswert. Durch die vielen Skandale in Bezug auf Vergiftungen von Nahrungsmitteln oder von ihren Grundsubstanzen überlegen immer mehr Menschen, was sie tun können. Für viele ist es nicht möglich, teure Biolebensmittel zu kaufen. Aber durch gezieltes und genaues Hinsehen und gezieltes Einkaufen, vielleicht direkt beim Erzeuger, lassen sich reinere Lebensmittel auf den Tisch bringen. Auch da ist eine gute geistige Verbindung hilfreich. Deine geistigen Helfer und dein Höheres Selbst wissen immer, wo du was bekommen kannst und was – das ist besonders wichtig –, dein Körper jetzt braucht.

    Schau dir deinen Tag an: Wie lebst du ihn, was machst du? Und viel wichtiger ist, was denkst du den ganzen Tag? Schon die alten Mysterienschulen wussten, wie wichtig es ist, die Gedanken zu kontrollieren. Die Gedanken sind die Erschaffungsgrundlage für dein Leben. Das ist einer der wichtigsten Sätze in diesem Buch: **Du bist, was du denkst.** Das weißt du natürlich – wie oft wurde dir das schon gesagt? Hast du es schon geschafft, mit dir selbst daran zu arbeiten? Hast du schon einmal beobachtet, was du den ganzen Tag über denkst? Und ist dir bewusst, dass vieles davon Wertungen sind, die man dir als moralisches Konzept beigebracht hat? Du lerntest so, was gut und was böse ist. Du hast deine Erfahrungen gemacht, wie die mit der heißen Herdplatte. Ich brauche das nicht näher auszuführen. Du solltest lediglich viele Male die nächsten Tage deine Gedankengänge beobachten, einfach nur beobachten. Vielleicht hast du auch

Lust, einiges aufzuschreiben: Vorstellungen, Sätze, die immer wieder auftauchen? Du wirst erstaunt sein, was du alles denkst. Wenn du das ein paar Tage hintereinander gemacht hast, fängt dein Versand an, sich das zu merken, und du wirst immer wieder wie von Zauberhand auf deine Gedanken aufmerksam gemacht. Du fühlst dich dann wie ein Beobachter, so, als stündest du neben dir, neben deinem Körper, und beobachtetest dich, dein Denken und deine Reaktionen. Denn auf Gedanken folgen Reaktionen und Taten. Du agierst aus Gedankenmustern heraus. Diese wiederum spiegeln alte Gedanken und Erfahrungen wider. So befindest du dich also quasi in einer Lemniskate, in einer liegenden Acht, wo sich alles immer wiederholt. Es gibt zwar neue Dinge im Außen, wie neue Kleidung, eine neue Wohnung, neue Freunde, eine neue Arbeit, aber das Grundlegende – wie genau etwas aussehen soll, wie es zu sein hat –, das unter dem Äußeren liegt, bleibt das Gleiche. Die Kunst ist es nun, diese Basis zu verändern.

In früheren Zeiten hat man intensiv mit verschiedenen Methoden, die in der heutigen Zeit nicht mehr praktikabel sind, gearbeitet. Da die Erde und ihre Umlaufbahn sich verändern, verändern sich auch die Menschen. Und das geschieht mit der großen Unterstützung der geistigen Welt und mit etwas, was die Wissenschaftler nun zunehmend und mit wachsender Unruhe beobachten: Das Erdmagnetgitter hat sich verändert, es wird immer schwächer. In diesem Gitter sind die Vorgaben, ist der Spielplan der Erde enthalten. Das bedeutet: Durch die Veränderung des Gitters verändern sich auch die Voraussetzungen für ein Leben hier auf der Erde. Das Massenbewusstsein hat alle Gedanken, alle Geschehnisse auf diesem Planeten zu allen Zeiten gespeichert. Die Menschen nähren sich in dem Maße, wie sie geistig bewusstseinsmäßig entwickelt sind, aus diesem Fundus. Alle Erfindungen und wissenschaftlichen Erkenntnisse sind immer da. Es ist nur die Frage, wann die Menschen so weit sind, all die Erfindungen und Erkenntnisse im magnetischen Feld zu öffnen. Wann ist ihr Bewusstsein so weit, dass die, die die gespeicherten Informationen wie Erfindungen etc. empfangen können, mit dem magnetischen Feld in Resonanz gehen? Das wiederum hängt mit den Zyklen der Erde zusammen, über die jetzt so viel berichtet wird.

Bleiben wir bei der jetzigen Zeit. Der Zyklus der Erde, der ca. 26.000 Jahre dauert, beinhaltet nun eine Besonderheit, was dieses bewusste Zeitalter anbelangt: Die Erde geht mit dem gesamten Sonnensystem in eine höhere Schwingung. Das verändert vieles, auch den Spielplan und damit das Gitternetz der Erde. Damit will ich dir sagen, dass es jetzt möglich ist, die Muster in deinem Emotional- und deinem Mentalkörper zu klären. Sagen wir es besser so: Die hohe Energie, die jetzt durch das sich langsam auflösende Magnetgitter auf die Erde strömt, ist hohe Göttliche Energie aus dem Zentrum der Galaxie. Diese hohe Neue Energie durchströmt jeden Menschen und verändert das menschliche Magnetfeld oder motiviert es, sich auch zu verändern. Außerdem steht das irdische Magnetgitter mit jedem einzelnen menschlichen Magnetgitter in Resonanz. Verändert sich das Magnetgitter der Erde, so verändert sich auch das menschliche Magnetgitter. Interessant, nicht wahr? Das heißt ganz einfach: Jeder Mensch geht in Veränderung, ob er sich dessen bewusst ist oder nicht. Und er ist, ob er will oder nicht, in diesen Prozess eingebunden. Das gesamte Vierkörpersystem der Menschen verändert sich nun. Der Emotionalkörper lässt alte Erfahrungen los, der Mentalkörper seine Ge-dankenstrukturen und alte Verbindungen. Außerdem kommt, ganz liebevoll ausgedrückt, das Ego des Menschen in die Bredouille. Es fühlt sich etwas haltlos, es fühlt, dass es nicht mehr gebraucht wird, da hohe Instanzen jetzt das menschliche Gefährt und System übernehmen wollen. Das kann zu Veränderungen in der

Stimmung führen, zu Verwirrungen und zu Identifikationsstörungen. Deshalb ist es gut, sich intensiv mit sich selbst zu beschäftigen, viel in die Ruhe zu gehen und sich selbst zu erkunden.

Große Veränderungen stehen für jedes Vierkörpersystem an. Die höheren Speicherungen im spirituellen Körper werden aktiviert. Die Verbindungen unter den vier niederen Körpern werden mit höheren Körpern vernetzt. Viele Menschen beginnen, sich an alte Leben zu erinnern, oft geschieht das bruchstückhaft. Sogar Ideen von Leben außerhalb der Erde, möglicherweise sogar in anderen Sonnensystemen, können sich bildlich manifestieren. Das ist eine große Erweiterung des Bewusstseins. Das nimmt der irdische Körper, den du anfassen und berühren kannst, äußerst sensibel wahr. Er fühlt sich oft etwas verlassen, weil er bemerkt, dass an ihm gearbeitet wird. Er erinnert sich an alte Speicherungen, an nicht ganz ausgeheilte Krankheiten und wird von den anderen eigenen Körpern inspiriert, alles auszuscheiden oder erst einmal auszudrücken, was nicht mehr passend ist und was nicht mehr gespeichert zu werden braucht. All das ist inspiriert von den höheren Energien, die die Erde jetzt immer stärker berühren.

Damit will ich dir Mut machen, deinen Körper und das gesamte Körpersystem in der nächsten Zeit mit großer Aufmerksamkeit und Fürsorge zu behandeln. Er braucht viel Zuwendung und Pflege. Du wirst auch bemerken, dass kurzfristig Krankheitssymptome da sind, die sich vielleicht innerhalb weniger Tage wieder auflösen. Schnelle, kurze Krankheitsbilder oder auch „Krankheitsscheinbilder" treten auf, die eine alte Speicherung symbolisieren und zeigen, dass sie aufgelöst werden. Oft greifen da auch keine Medikamente, die Ärzte verschreiben, die meist auch nicht wissen, was den Patienten eigentlich fehlt. Am Besten ist es, sich Ruhe zu gönnen. Wer schon sensibler ist, fragt sei-

Die Idee des Vierkörpersystems

nen Körper, was er braucht. Er wird ihm sagen, was er benötigt.

Generell brauchen alle Menschen im Moment zeitweilig viel Ruhe. Die Aktivitäten, die Mutter Erde bewegen, übertragen sich auf deinen Körper. Selbst Dinge, die am anderen Ende der Welt geschehen, kannst du wahrnehmen. Das ist die Verbindung, die alle Menschen untereinander und auch mit der Erde haben. Ihr seid nicht getrennt von Gaia oder dem Bruder im östlichen Teil der Erde. Ihr seid eins. Du fühlst immer mehr, was wo auf diesem Planeten passiert, und gehst damit möglicherweise in Resonanz. Das bedeutet, du stehst mit dem Heilprozess des jeweiligen Ortes in Verbindung. Und das Wunderbare ist: Du bist der Mitheiler dieses Ortes in der Ferne *und* heilst gleichzeitig deine Anteile, die damit in Resonanz gehen. Ist das nicht fabelhaft?

Im 2. Teil des Buches gebe ich ganz gezielt einige Heilhilfen, mit denen du dich ausgleichen kannst. Gott ist der Schöpfer allen Seins. Er hat sich ausgebreitet und dann aufgeteilt, auch in viele Schöpfergötter, die sein Werk ausführen beziehungsweise erweitern. Du selbst bist letztlich ein Teil eines höheren großen Schöpferwesens und bist nun dabei, dies immer besser zu verstehen – du erweiterst dein Verständnis, dein Bewusstsein. Je mehr du dir bewusst bist, dass du Geist in einem Körper bist, desto mehr verstehst du dein irdisches Vierkörpersystem. Es ist genial konzipiert. Es ist die Blaupause deines irdischen Seins, der Teil des großen Wesens, das du bist, der auszog, Materie kennenzulernen.

Dieses Vierkörpersystem will sich klären, strecken und verlichten. Erinnerst du dich? Du bist hier, um die Materie zu verlichten! Und der Weg der Heilung der Menschheit und der drittdimensionalen Erde ist der, bei sich selbst zu beginnen. Du beobachtest immer mehr deine Gedanken, deine Ideen, die meist auf der Basis von gespeicherten Erfahrungen entstehen. Wenn du das erkennst, hast du den Schlüssel in der Hand, wie du dein Leben frei von Altem in die Heilung bringen kannst. Und ich betone nochmals: Du musst das nicht allein tun, wir sind da. Wir stehen immer dann sofort an deiner Seite, um dir zu helfen, wenn wir sehen, dass du mit reiner Absicht auf dem Weg bist, zu erkennen, wer du bist. Dann geschehen sogenannte Zufälle – die wie Wunder erscheinen –, die dir helfen, alles Leben mit klareren Augen zu sehen. Selbst körperliche Wunderheilungen mögen stattfinden. Es gibt keinen Krebs, der nicht heilbar wäre. Es ist die Frage, ob du es willst und ob du bereit bist, dein Leben zu verändern, indem du Altes loslässt, indem du dich deinem Schöpfersein hingibst. Hingabe, reine Absicht und Vertrauen in dich selbst sind die Schlüssel auf dem Weg der Ganzheit, der Heilung.

Erkunde dein Körpersystem, nicht nur das irdische. Bitte mich oder den geistigen Helfer deines Vertrauens, er möge dir zeigen, welche Themen im Emotional- und Mentalkörper jetzt zur Klärung anstehen. Du wirst vielleicht Ideen oder Bilder bekommen, die dir Themenbereiche aufzeigen, mit denen du im Äußeren gerade in Resonanz stehst. Das können bestimmte Situationen mit Geschäftspartnern sein, in denen du nicht vorankommst, der Streit mit deinem Partner, Spannungen mit der Nachbarin. Nichts geschieht einfach nur so und nichts hat nur mit anderen zu tun, die sich scheinbar falsch verhalten. Es können auch tiefliegende Grundthemen der Erdinkarnation auftauchen wie: Angst vor dem Leben; Angst vor dem Tod; Angst vor dem Alleinsein; Angst, nicht geliebt zu sein; Angst vor der Zukunft. Du selbst bist es, der sich entschloss, jetzt ein bestimmtes Thema aufzugreifen. Nun hast du die Chance, entweder wieder in der Lemniskate zu landen und den alten Weg zu gehen, oder du lebst bewusst und vielleicht sogar voller Freude über die Herausforderung und findest neue, oft einfache Lösungen, um die Spannungsfelder zu verlassen, die du dir gerade kreierst. Kein Problem ist zufällig da. Es ist der Reibungspunkt der hohen Neuen Energie, die alles schleift, was nicht rund ist, und alles nach oben holt, was noch gespeichert ist und nicht mehr benötigt wird.

Sei im Fluss mit dir selbst. Beobachte dich: Welche Herausforderungen bringt jeder Tag, jede Minute? Vielleicht müssen die Herausforderungen auch gar nicht sein, wenn du die „handelnden Muster" gleich erkennst und dir sagst: „Das Muster entlasse ich jetzt. Da springe ich nicht mehr drauf an." Und voilà, du bist der Schöpfer deines Lebens und letztlich auch des Lebens der anderen. So weit solltest du schauen. Und dann wird immer klarer, dass du andere heilst, wenn du dich heilst. Und wenn viele Menschen das erkennen und sich entsprechend verhalten, wird die ganze Erde von Altem geheilt. Stell dir vor: Es gibt keine Kriege mehr und keinen Hunger, weil alles gerecht verteilt wird. Eigentlich haben die hohen Schöpfergötter ja alles so kreiert, dass für jeden Menschen genug da ist. Nur einige wenige haben für eine falsche Verteilung gesorgt. Sorge du mit deiner Selbstheilung für neue Paradigmen. Ich bin dabei!

Das Ich des Physischen

Der Mensch ist eine Zusammensetzung aus verschiedenen Anteilen, das haben wir schon besprochen und erklärt. Doch viele Menschen fragen sich: „Wer bin ich? Woraus bestehe ich? Wer hat mir die guten Eigenschaften gegeben, wer die schlechten? Was ist Intelligenz? Woraus besteht sie, und woher kommt oder wie entsteht sie?", das sind Fragen, die auch Wissenschaftler vielfach diskutiert haben. Diese Fragen kann man mit dem irdischen Gedankengut und der menschlichen Logik kaum erfassen. Auch die Wissenschaftler haben keine Erklärungen, die uns hier wirklich befriedigen. Schauen wir uns die Gene an, die in der Zwölfstrang-DNS enthalten sind. Die Gene, das vererbbare Gut der Eltern, sind in den drei ersten Strängen der DNS angelegt. Das ist es, was die Wissenschaftler untersucht haben, und das ist belegbar, wenngleich diese Erkenntnisse noch in den Kinderschuhen stecken. Einige Versuche werden gerade unternommen, die diese vererbbaren genetischen Prägungen verändern können. Sehen wir uns diese Merkmale genauer an, so sind sie etwas, was die Seele auf der anderen Seite des Schleiers wohl ausgesucht hat. Vielleicht war das eine oder andere Merkmal der Eltern dabei, das nicht so ganz in den gewählten Erdenplan des Betreffenden passte, aber meistens waren all diese Voraussetzungen gewollt. Nehmen wir die gespeicherten Krankheitsanlagen: Sie waren vielleicht eine Möglichkeit, auf bestimmte Themen aufmerksam zu machen. Sie wurden genutzt, um karmische Imprinte zu lösen oder um Gespeichertes zu transformieren. Möglicherweise waren ein paar Prägungen dabei, die nicht passend waren, aber man nahm sie in Kauf, weil alles andere in dieser Eltern- und Umweltkonstellation als ideal erschien.

Nun geht es um die sogenannten Charakteranlagen. Es gibt Prägungen, gemeinsame alte Erfahrungen des Mentalkörpers, die mit übergeben werden, wenn sie fest beim Vater oder bei der Mutter gespeichert sind. Meistens werden diese jedoch auf das Kind übertragen, wenn es schon auf der Welt ist. Sehr interessant und oft nicht beachtet sind die Erfahrungen des Embryos im Leib der Mutter. Jede Seele entscheidet übrigens selbst, wann sie in den Mutterleib eintritt. Einige wollen schon intensive Erfahrungen im Mutterleib miterleben, andere sind nicht immer im Leib. Wieder andere gehen erst vor dem Geburtsvorgang in den Körper. Die Erfahrungen, die dort gemacht werden, ergeben ein Erfahrungsgut, das den physischen neuen Menschen stark prägt.

Nehmen wir an, die Mutter hat Sorgen mit der Schwangerschaft, weil diese vielleicht gefährdet ist. Das sind Themen, die die Seele des Ungeborenen miterleben wollte. Das Thema war sozusagen im Prägungspaket enthalten. Es könnte auch sein, dass die Schwangerschaft nicht gewollt war. Oder eine Familie hat sich sehnlichst ein Kind gewünscht, und die ganze Aufmerksamkeit und vielleicht sogar übervorsichtige Ängstlichkeit, dass etwas schieflaufen könnte, sind dann im Prägungsprogramm enthalten. Es gibt viele Schwangerschaften, die in Teilen der Erde, in denen es viel Armut und Gewalt gibt, in Kriegsgebieten oder mit Drogenerfahrungen und vielem anderen, ausgetragen werden. Etwas vereinfacht ausgedrückt, möchte ich sagen, dass die meisten sehr jungen Seelen eine solche Erfahrung wählen. Sie gehen in die tiefsten dualistischen Erfahrungen hinein, die diese Erde zu bieten hat. Es lohnt sich, über all diese frühkindlichen Prägungen einmal intensiv nachzudenken und dabei gleich einen Blick in eigene Themen hineinzuwerfen.

Frage dich: „Wie war das bei meinen Eltern? War ich ein Wunschkind? Habe ich eine leichte oder eine schwere vorgeburtliche Zeit erlebt?" Lass dich da ganz von deinem Herzen leiten. Fühle in dich, gehe vielleicht auch in den Kontakt mit deinem Inneren Kind. Dafür kannst du dir ein ruhiges Plätzchen suchen, die Augen schließen, dir eine Wiese oder ein anderes Plätzchen visualisieren und dein Inneres Kind einladen, es möge dir erscheinen. Dann wird das so sein. Frage es, was es dir über die Phase der Schwangerschaft deiner Mutter berichten kann. Es wird in den Speicherungen kramen und dir mitteilen, wie es war. Das ist eine interessante Erfahrung.

Damit wird dir vielleicht klar, woher einige Ängste beziehungsweise Muster stammen, die du heute noch lebst. Es sind mehr Traumata mit dem Geburtsvorgang verbunden, als man gemeinhin denkt. Besonders in den Familien, die wenig über Geburt und Schwangerschaft wissen, ist viel Angst verbreitet. In den östlichen Ländern, die keine religiösen Prägungen aufweisen, ist die Schwangerschaft eine ganz natürliche Zeit, für die es viele von Generation zu Generation weitergegebene Hilfen gibt. Von Salben, Atemübungen, Düften und Gesängen bis hin zu liebevollen Worten oder dem Kontakt zur Göttlichen Mutter selbst gibt es viele begleitende Dinge, die hier im Westen unbekannt sind beziehungsweise nicht mehr gelebt werden. Denn eigentlich ist gerade in Europa altes Wissen vorhanden.

Denkt nur an die alten Völker, die Teutonen, die Wikinger, die den Ruf haben, barbarisch und grobschlächtig gewesen zu sein. Das war nicht der Fall, denn in ihnen war hohes altes Wissen verankert, das sie ebenfalls lebten. Ich sage ja immer wieder gern, dass eure Geschichte nicht dem entspricht, wie es wirklich war. Vieles wurde zu dem, was überliefert ist, hinzugedichtet, und vieles war nicht schriftlich festgehalten, sondern mündlich weitergegeben worden.

Das Ich des Physischen

Somit ging viel verloren. Hier, in Europa, ist altes Wissen stark verankert. Einer der Gründe, warum du diesmal in Europa inkarniert bist – und einige alte Seelen sind das –, ist, dass du dieses alte Wissen wieder hier verankerst. Wäre es nicht wunderbar, wenn bei allem Fortschritt, den die Medizin euch bringt, auch das alte Wissen wieder auflebte? Hygiene und Krankenversorgung sind gut, aber die Seele braucht auch das Urwissen der nährenden Göttlichen Mutter, um das irdische Leben, das physische System, das du bist, hier liebevoll seine Erfahrungen machen zu lassen.

Lasst mich kurz in Europa verweilen. Dieses Gebiet war zur frühen Zeit das Gebiet der ersten Rasse, die hier auf die Erde kam. In den hohen nordischen Gebieten war über dem Pol ein höherschwingendes Volk zu Hause. Es waren Wesen, die von weit her kamen und über dem Pol, weil dort eine besonders gute Voraussetzung für eine Besiedelung vorzufinden war, sesshaft wurden. Sie gaben ihren Samen, ihr genetisches Material bei der Besamung der ersten Menschen. Die daraus entstandene Rasse ist heute als die der Teutonen bekannt, die sich weit verbreitet hat. Daraus entstanden auch andere Gruppen, die sich abspalteten. Ich erzähle das hier am Rande, weil wir euch immer wieder vermitteln wollen, dass Europa in sich, in seiner energetischen Struktur, viel altes Wissen hat. Dieses Volk, das ich eben erwähnte, stand sehr stark mit der Göttlichen Mutter in Verbindung. Die Frau an sich hatte in ihren Anfängen einen besonderen Status und war hochgeehrt und geliebt. Das veränderte sich immer wieder, was unter anderem mit den Zyklen der Erde zusammenhängt. Doch das ist eine weitere Geschichte.

Ich möchte besonders denen unter euch, die heilerisch arbeiten (wollen) – sei es als Mediziner, als Therapeuten, Heilpraktiker oder Heiler –, raten, sich mit diesem alten Wissen näher zu beschäftigen. Ihr schaut so oft gen Osten auf die alten Wissenschaften der Chinesen und Japaner oder der Inder. Könnte es ein, dass hier in Europa viel älteres Wissen lagert, das nur angezapft werden möchte?

Es lohnt sich, die alten Stätten in Europa zu besuchen, die mit der Göttlichen Weiblichen Energie zu tun haben. Hoch im Norden sind viele Energien zu spüren. Im Osten sind tiefe weibliche Mysterien verankert, die besonders jetzt zur Heilung von Erde und Mensch vonnöten sind. In Frankreich kann man Spuren des alten Volkes und von deren Nachfahren entdecken, von denen Maria Magdalena gern erzählt. Was mag sie an Wissen in sich gespeichert haben, das tief in Europa verankert ist? Schau in dich selbst hinein, erobere die Frau in dir, die Göttliche Mutter. Damit spreche ich selbstverständlich nicht nur die Frauen an. In jedem Mann ist das weibliche Prinzip ebenfalls enthalten. Es wurde nur die vielen letzten Jahrtausende hindurch überdeckt und nicht gelebt. Das hat etwas damit zu tun, was der Erde in den letzten Tausenden von Jahren widerfuhr: Es gab eine Annexion durch Wesen, die nicht von diesem Planeten waren und versuchten, die Erde, ihre Urschätze, auszubeuten und dies auch weiterhin in einer anderen Form, nämlich mit Energie, tun. Es sind die Energien, die diese Wesen den Menschen abzapfen. Generell sind alle Emotionen der Menschen etwas, was geehrt und geliebt ist. Und die Liebe ist eine besonders geschätzte Energieform, die hochgeachtet ist und an vielen Orten eingesetzt werden kann. Kannst du dir vorstellen, dass es Wesen gibt, die deine Emotionen schätzen und sich davon nähren? Es gibt die, die deine Liebe brauchen und sich gern daran laben. Und es gibt die, die deine Liebesenergie dahin geben, wo sie dringend gebraucht wird. Da kommt auch das Gesetz der Resonanz ins Spiel. Was man aussendet, kommt zu einem zurück. Wer viel Liebe gibt, der bekommt diese vielfach zurück. Denke einen Augenblick darüber nach.

Dann gibt es die Wesen im astralen Bereich, die sich von deinen negativen Emotionen nähren. Du kennst sicherlich das Gefühl, wütend zu werden, und weißt, es ist schwer, aus diesem Befinden wieder herauszukommen und sich zu beruhigen. Wenn du aus irgendwelchen Gründen in Angst gerätst, kannst du die Angst oft nur schwer besiegen. Es ist, als wäre da jemand, der diese Angst anfacht, so wie Sauerstoff das Feuer speist. Das muss dir keine Sorgen bereiten, du kannst ja nicht plötzlich das ganze System verändern, das gehört zum Leben hier dazu. Aber du kannst dich selbst steuern, du kannst bestimmen, ob du dich lenken lässt, tief in Angst oder Wut zu sein, oder ob du lieber den Weg der Liebe wählst.

Lass uns nun noch schauen, was es ist, das das irdische Leben prägt. Nach der Geburt kommst du ins Leben mit einem Schrei, der wichtig für die Funktion deiner Lungen ist. Dann wirst du ins Leben entlassen. Energetisch gesehen, hast du viel im Gepäck, was alte Themen und Erfahrungen betrifft, die du bearbeiten, die du transformieren und ausleiten willst. Nun wird dein Sein geformt: Jetzt sind Menschen und Situationen um dich herum, die dich weiter prägen, die dich „erziehen", wie es so schön heißt. Sie bringen dir bei, was ein Mensch ist und zu sein hat. Und hier kommen wieder die eigenen Prägungen der Eltern, der Großeltern, der Lehrer und Freunde ins Spiel. Auch das Umfeld, in dem du aufwächst, ist sehr wichtig. Nicht im Sinne von Gut oder Böse, wenn man tiefer hinschaut. Das sind nur die zwei Seiten einer Medaille. Ich sehe das wertfrei. Aber du wirst jetzt zurückblicken und bewerten: „Wie war meine Kindheit? Hatte ich ein behütetes Leben? War ich eingeengt? Wurde ich religiös erzogen, und habe somit schon eine gewisse Wertigkeit mitbekommen, wie ein Mensch zu sein und was er zu leisten hat?" Viele Fragen tauchen auf. Ich habe dieses Thema bewusst so aufgebaut, damit du eine

Hilfe hast, jetzt zu dieser ereignisreichen Zeit deine alten Prägungen zu durchleuchten und dir über die Antwort auf die folgenden Fragen klar zu werden: „Ist das meine Welt, meine Einstellung zum Leben? Was hindert mich daran, meine wahre Kraft zu leben? Was hindert mich, so zu leben, wie ich es mir wünsche? Wer sagt, ich dürfe dies oder jenes nicht tun oder sein? Ist es vielleicht das Denken der anderen, das mich nicht eigenverantwortlich leben lässt?"

Du wirst wahrscheinlich zu der oft nicht ganz angenehmen Erkenntnis kommen, dass es Dinge, Phasen oder Bereiche in deinem Lebensalltag gibt, die dir nicht mehr gefallen, die dir nicht guttun, und die du ändern möchtest. Nun wirst du sicher bemerken, dass bei weiteren Gedanken dieser Art Angst hochkommt. Angst, dass Trennungen oder Veränderungen dir wehtun könnten, dich allein sein lassen, dass es einen Mangel an Geld oder Liebe geben könnte und so weiter. Diese Angst ist die Abwesenheit der Liebe zu dir selbst. Du hast kein Vertrauen zu dir. Du denkst, dass du es nicht schaffst, ganz auf eigenen Beinen zu stehen, was ja nicht bedeutet, dass du nicht mit anderen Menschen zusammen sein oder eng mit ihnen leben kannst. Es geht vielmehr darum, dein Leben so zu gestalten, dass du sagen kannst: „Das bin ich, das kann ich verantworten, das fühlt sich gut für mich an. Es mag anderen vielleicht nicht gefallen, aber ich fühle mich gut so."

Lebe autark, sodass du jederzeit für dich selbst verantwortlich, von niemandem abhängig, niemandem etwas schuldig bist, sondern frohen Herzens ganz aus dir selbst heraus das weitere Leben kreieren kannst. Das ist ein neuer Weg und der ist nicht von heute auf morgen zu gehen. Obwohl Menschen, die ich begleite, manchmal sogar alles in ihrem Leben umgestellt, völlig neu angefangen haben und sich dabei sehr wohl fühlen. Falle bitte nicht auf die Gedanken herein, die auch aus der Angst geboren werden, nämlich dass du anderen Menschen es nicht antun könntest, sie zum Beispiel zu verlassen oder zumindest eine neue Art des Zusammenlebens aufzubauen. Vielleicht haben sie dadurch die Möglichkeit, selbst neue Schritte zu gehen, und vielleicht hätten sie das allein nicht gewagt, so wie du? Nichts ist nur für einen Menschen gut. Möglicherweise habt ihr euch getroffen, um gewisse Dinge gemeinsam zu tun, und nun stehen andere Themen an, die es erfordern, neue Wege zu gehen. Dieser Bereich der eigenen Freiheit ist so umfangreich, dass ich ganze Bücher bräuchte, um ihn zu beschreiben. Deshalb ist im 2. Teil des Buches der Weg in das eigene Herz beschrieben. Das ist der einfache, Weibliche Weg der Erkenntnis und der Freiheit, denn dein Herz weiß immer, was zu tun ist. Es ist der Schlüssel zu deinem Höheren Selbst und zur Göttlichen Weiblichen Instanz.

Fassen wir noch einmal zusammen: Der physische Mensch, das Vierkörpersystem, besteht aus Erfahrungen aus anderen Leben, die noch nicht ausgeglichen sind, aus den Erfahrungen im Mutterleib und den Prägungen der Umwelt – der Eltern, der Lehrer, der kulturellen Gepflogenheiten des Landes, in dem man lebt, und aus all dem entstand neues Wissen, das einen wiederum formt. Das ist die irdische Intelligenz, die meist mit einer starken Ausprägung des Mentalkörpers verbunden ist, gekoppelt an die Speicherungen des Emotionalkörpers.

Wie wäre es, wenn du nun einmal – und das ist sicher nicht ganz einfach – schautest, wie es um deine Wertung von Gut und Böse bestellt ist? Was ist für dich gut? Was ist deiner Meinung nach böse? Du wirst erstaunt sein, wie sehr du dich in einer Lemniskate bewegst. Deine Einstellung zu dieser Dualität ist durch deine Erfahrungen entstanden. Dein Nachbar – der Chinese im östlichen Teil der Erde, der Hindu in Indien oder der Afrikaner im Sudan – hat wahrscheinlich andere Vorstellungen von Gut und Böse. Da ergibt sich die

Frage: Wie kann da jemals eine einheitliche Meinung oder, wie ihr Menschen es nennt, Wahrheit entstehen? Oder vielleicht ist das auch gar nicht nötig? Vielleicht gibt es ja tatsächlich nur eine Wahrheit, weil alles eins ist. Dieses „Gut und Böse" entspricht tatsächlich den beiden Seiten *einer* Medaille. „Was wäre dann die Medaille?", fragst du nun sicher. Du hast richtig kombiniert: Die Medaille ist die Energie Gottes, die das Spielfeld der Dualität erschuf. Was wäre nun, wenn man Gut und Böse abschaffte? Ein komischer Gedankengang, nicht wahr? Kein Gut und kein Böse mehr, was machen dann die Menschen und wie leben sie? Auf der Dualität scheint doch alles aufgebaut zu sein: gutes Essen – schlechtes Essen, gute Schülerin – schlechte Schülerin, guter Präsident – böser Präsident, gute Religion – schlechte Religion, guter Kryon – böser Kryon. Hmm, bin ich auch der Dualität unterstellt? Das ist eine gute Frage, oder? Ich bin es nicht. Ich lebe in den Welten der Einheit, dort gibt es Gut und Böse nicht. „Was gibt es dort dann?", fragst du mich vielleicht. Das ist eine gute Frage, denn viele Menschen sind in diesem irdischen Netz so verfangen, dass sie sich etwas anderes gar nicht vorstellen können. Wir hier leben in der Göttlichen Liebe immerdar. Wir sind ständig in Klarheit und bei vollem Bewusstsein. Wir sind immer in dem Feld der Einheit und unendlichen Liebe des Schöpfers. Trotzdem können wir uns aufteilen – so wie du auch eine einzelne Seele bist –, um hier diese Erfahrungen mit dir zu spüren und menschlich anmutende Ratschläge zu geben, die allerdings als Basis die wahre Einheit haben. Ich stelle dir diese Göttliche Einheit gern als Hilfe für deine weitere Erkenntnisreise zur Verfügung!

Das Ich der Einheit

Nichts ist so, wie es zu sein scheint! Du weißt sicher schon, dass dies einer meiner Lieblingssätze ist. Er passt wunderbar zu unserem nächsten Thema. Würdest du einem unerwachten Menschen erzählen, dass es viele von ihm selbst, von seiner Essenz, gibt, würde er lächeln und dir entgegnen, das könne nicht sein, er sehe sie ja nicht. Der Mensch, besonders im westlichen Bereich der Erdkugel, glaubt meist nur das, was er sieht, denn die Wissenschaften führen das Zepter und wollen für alles Beweise. Doch dieses klapprige Gerüst wackelt, weil immer mehr Menschen sich für Unsichtbares und scheinbar nicht vorhandene Anteile des Seins öffnen. Sie verstehen immer mehr, dass da noch irgendetwas anderes ist, was ihr Leben bewegt und in den Bahnen hält: der Geist des Menschen, der vom Geist des Schöpfers allen Seins gelenkt wird. Wenn wir kurz zurückschauen auf die anderen Kapitel oder in das, was du schon durch andere Studien weißt, können wir sagen: Der Mensch ist ein vielfältiges Gebilde und von hohen weisen Schöpferwesen kreiert. Alles, was in diesem dualen Universum lebt – und das ist sehr vielfältig –, hat einen göttlichen Stammvater. Nichtsdestotrotz hat sich immer mal wieder zwischendurch jemand – Wesen, die geheimes Göttliches Wissen hatten –, in das Leben allen Seins eingemischt. Man hat versucht, das Erbgut, die göttliche Saat, zu verändern. Das gilt nicht nur für die Rassen auf der Erde – darüber könnt ihr ja schon einiges in Büchern lesen –, sondern auch in anderen Ebenen, auf anderen Planeten geschah das. Euch ist die Geschichte vom gefallenen Engel Luzifer ein Begriff. Der Engel, der Gott am nächsten war und dann der Versuchung nicht widerstand, sich neben Gott oder sogar vor Gott zu stellen, um damit seine Macht zu demonstrieren, Gott die alleinige Macht streitig zu machen und selbst seine Position einzunehmen. Diese Geschichte enthält eine Symbolik: Selbstverständlich gibt es viele Wesen, die in dieser Dualität die Fronten gewechselt haben. Du bist einer davon. Denn alle haben diesen Weg gewählt. Dieser Weg war jedoch nicht zufällig, sondern gewollt. Es ging dabei nicht um die Rolle des höchsten Schöpfers allen Seins, sondern es ging um Bereiche und Rollen der Dualität, die machtvoll verteilt werden sollten. In dem höchsten Bereich gibt es so etwas wie Dualität nicht. Eher könnte man sagen, Luzifer hat den Auftrag von Gott bekommen, die Dualität umzusetzen und Herr dieses dualen Systems zu sein. Wie dem auch sei. Alles – und es ist wichtig, dies immer einmal wieder zu betonen –, *alles* kommt von Gott. Nichts ist nicht Gott, denn alles Leben ist Gott. Es gibt nichts, das außerhalb des Kreises von Gott ist. Es gibt lediglich Ströme, Sonnensysteme, Galaxien, die sich ihren eigenen Weg gesucht haben, um besondere Erfahrungen zu machen, eben die der Dualität.

Nun stelle dir einen Augenblick vor, es gäbe Gott, den Schöpfer allen Seins, nicht. Er wäre nicht da. Was wäre dann? Nichts, oder? Doch was ist Nichts? Es wäre Leere. Aber Leere wäre auch schon wieder etwas – etwas Greifbares, etwas, was man einordnen kann. Man kann es fassen, verstehen. Aber wenn Gott nicht wäre, wäre auch diese Leere nicht, sondern gar nichts. Dies zu verstehen übersteigt das menschliche Fassungsvermögen, nicht wahr? Selbst ich kann mir nicht vorstellen, was wäre, wenn es den Schöpfer nicht gäbe. Ja, das darfst du mir glauben. Es ist unvorstellbar – auch für Wesen, wie wir es sind –, was wäre, wenn Gott nicht existierte. Andere Fragen bewegen ebenso, vielleicht ob es noch einen anderen Gott gibt, so, wie es viele Schöpfergötter in den verschieden Mythen und Vergangenheiten der Erde gab. Darüber wurde in alten Schriften berichtet. Es sind die Söhne der Söhne der Söhne und so weiter. Die Letzteren sind die Götter, die die Erde für ihre Pläne benutzen. Sie waren und sind alle dualistisch. Sie erschufen, sie wussten, wie das funktioniert. Sie haben den Samen ihrer Rasse mit dem der Menschen verbunden. Das ist es, was ihr „Gentechnik" nennt. Es war eine Manipulation des höheren Göttlichen Schöpfertums. Doch die Frage, die ich anschnitt, war, ob es neben dem höchsten Schöpfer noch einen anderen zweiten höchsten Schöpfer gibt. Nein, es gibt nur ein Schöpfungszentrum allen Seins, das irgendwo erdacht und irgendwoher gekommen ist. Aber wie ist das geschehen? Das bleibt ein ewiges Rätsel und ist gewiss mit menschlichen Gedankenkombinationen nicht zu erklären. Auch in den Meditationen ist keine Klärung zu finden. Das ist ein Ziel für den Weg nach Hause. Werden wir es wissen, wenn wir wieder mit dem Schöpfer eng vereint sind?

Der höchste Schöpfer allen Seins hat seine Saat, das, was er tat, indem er Teile seines Seins ausdehnte, indem er sein Bewusstsein spaltete, ausgesandt, um anderes, neues Leben aus sich selbst heraus zu erschaffen. Hohe, sehr weise Wesen, die nicht dualistisch agieren, erschufen weitere Wesen. Ich wähle zum Vergleich gern eine große, hohe Leiter (auch mit der Jakobsleiter zu vergleichen) mit vielen Stufen. Diese Stufen sind jeweils eine Erweiterung des Schöpfers. Viele Stufen sind in den verschiedenen Universen enthalten. Eine weitere Beschreibung ist die folgende: Wenn ein Stein ins Wasser geworfen wird, kräuselt sich das Wasser in vielen kreisförmigen Wellen, die immer größer werden, sich immer weiter ausdehnen. Ein etwas komischer Vergleich ist der, sich Gott als eine kleine Kugel aus Hefeteig vorzustellen, die an Volumen zunimmt, wenn man sie ruhen lässt. Sie wird in ihrem Schöpfertum immer größer. Alle Vergleiche haben eines gemeinsam: Sie sind und bleiben immer ein und dasselbe: die Leiter, das Wasser oder der Teig. Auf den Schöpfer übertragen, bedeutet das: Alles, was erschaffen wurde, ist immer Gott. Es verändert sich, nimmt viele Formen an, dehnt sich aus, aber es bleibt der höchste Schöpfer.

So bist du, so sind alle Schöpfergötter des dualen Systems, alle Kämpfer und Könige, alle Guten und alle Bösen ein Teil von Gott. Gott erfährt sich durch all diese Schöpfungen. Das mag der Mensch sich oft nicht so recht vorstellen können, weil er tief in diesem Schöpfersein agiert und gefangen ist. Du hast die Rolle des Menschen hier, auf der Erde, gewählt, du hättest ebenso gut jetzt auf der Venus sein können. Aber etwas hat dich hierher, auf die Erde, gezogen, auf den Planeten der tiefen Dualität und des freien Willens. Auch das kann ich nicht oft genug betonen: Dieser Planet ist der einzige mit freiem Willen in dieser Form. Niemand und nichts kann dich davon abhalten, zu tun, was du willst. Wobei ich fairerweise sagen muss, dass der freie Wille eine Scheinangelegenheit ist, eine kleine Mogelpackung. Der freie Wille ist eigentlich nur möglich, wenn du wirklich frei bist. Das haben wir in einem vorherigen Kapitel schon behandelt. Doch du bist nicht frei, weil du, einmal in diesen Sog der Dualität hineingerutscht, deine alten Erfahrungen und die der anderen Menschen lebst. Du bist wie in einem Käfig, der vielleicht viele kleine Räume hat, die anders aussehen, aber zum gleichen Käfig gehören. Die Kunst ist es, aus diesem Käfig herauszufinden und das Labyrinth zu verlassen. Es hört sich vielleicht so an, als sei dies hier eine Strafkolonie, und so empfinden es viele Menschen auch. Sie fühlen sich ihrem Schicksal ausgeliefert. Aber das sind sie nicht. Sie selbst bestimmen, ob sie den Prägungen und Erfahrungen gestatten, das Zepter zu führen, oder ob sie versuchen, neu, ganz frei den Weg hier zu wählen und das Leben zu gestalten. Auch das kann ich nicht oft genug betonen, denn es ist der Schlüssel in die eigene Göttlichkeit.

Lasst uns das oben Gesagte noch einmal betrachten: Es gibt nur einen Gott, es gibt nicht zwei oder mehrere. Der höchste Schöpfer, die höchste Instanz, ist alles und nichts. Er hat alle anderen Formen des Bewusstseins erschaffen beziehungsweise sich ausgedehnt und seinen Bewusstseinsanteilen ermöglicht, weiter zu erschaffen, eben wie eine Leiter, die hinabführt bis in tiefe Welten, die sich ausdehnen. Wissenschaftler haben festgestellt, dass dieses Universum sich immer schneller ausdehnt. Unvorstellbar, nicht wahr? Ebenso darfst du davon ausgehen, dass Universen auch sterben: Sie implodieren, wenn etwas Neues erschaffen werden soll. Die Seelen, wie du eine bist, wandern dann weiter, erschaffen selbst neue Welten und machen andere Erfahrungen. Es ist wie ein großes Karussell, das sich immerfort dreht und bei dem die Pferdchen und Drehgondeln ab und an ausgewechselt werden.

Die Universen und auch das lokale Universum, in dem wir uns befinden, erweitern und verändern sich ständig. Im Hinblick auf die Zeit ist das fast unendlich. Aber Zeit ist ein Gebilde, das für dieses Universum der Dualität geschaffen wurde. Anderswo gibt es diese Darstellung des Seins nicht. Lass uns kurz einen Blick auf dich werfen: Du hast vielleicht das Gefühl zu altern. Du bemerkst, dass dir die Zeit davonläuft. Du meinst, vieles in einem bestimmten Zeitraum schaffen zu müssen. Du unterwirfst dich der Zeit. Wie wäre es, wenn du die Herrschaft über die Zeit anstrebtest? Mit der Zeit zu jonglieren ist eine spannende Sache. Versuche einmal, die Zeit anzuhalten oder auszudehnen. Wie das funktioniert? Gut, nimm dir einen Augenblick Zeit und lass mich dir ein, zwei Beispiele nennen. Vorher möchte ich dir noch sagen, dass jetzt die Voraussetzungen für Experimente dieser Art sehr günstig sind, denn hohe Energien, die das Bild und die Qualität des Planeten Erde verändern, strömen seit Jahren auf diesen Planeten. Eigentlich stehst du wirklich mit einem Bein in der Interdimensionalität. Du bist nicht nur hier auf der Erde, du bist auch interdimensional. Doch nun zurück zu unserem Experiment: Suche dir eine Situation aus, wo du zu einer bestimmten Zeit an einem bestimmten Ort sein musst, einen festgelegten Termin hast. Starte zum Zielort bewusst ein bisschen später, sodass du eigentlich zu spät kommen musst. Konzentriere dich dann auf dein Herz, dein Höheres Selbst, wähle bewusst, dass du rechtzeitig am Ziel ankommst, und dehne die Zeit aus. Sieh nicht mehr nervös auf die Uhr. Gehe deines Weges, bleibe in deinem Herzen und sei dir sicher: Du bist rechtzeitig da. Und das wird so sein. Verrückt, nicht wahr? Du bist der Hüter der Zeit. Jetzt ist wahrlich die Zeit gekommen, dem Konstrukt „Zeit" die Macht zu nehmen, die es hier hat. Dehne die Zeit aus oder ziehe sie zusammen. Vielleicht gibt es Situationen, in denen du wünschtest, die Zeit würde schneller vergehen, weil es gerade langweilig oder eher unangenehm ist. Dann wähle, dass die Zeit schneller läuft. Sei zentriert in dir selbst und lass los. Es ist ganz einfach, glaube mir, der „Trick" dabei ist: Sei währenddessen im Rahmen der Nichtzeit ... und das bist du, wenn du dich ganz auf dein Höheres Sein konzentrierst.

Jetzt wenden wir uns dem Kern der Aussage zu, die in der Überschrift dieses Kapitels steckt. Du bist nicht nur Mensch, du bist ein vielfältiges Sein. Du bist ein Geschöpf Gottes, einer seiner Söhne oder eine seiner Töchter, die seine erweiterten Bewusstseinsströme sind. Du bist Gott auf Erden. Du hast dich ausgedehnt. Der Teil von dir – das große Wesen, das du wirklich bist –, ist auf einer höheren Ebene, beobachtet jetzt deine Schritte und ist dir behilflich, dich selbst besser zu erkennen. Lange Zeit hindurch hattest du vergessen, wer du bist. Du hast entweder nicht gewusst, wer du bist, und dachtest, du seiest nur einmal hier. Oder du bist sehnsüchtig in der Nacht draußen gestanden und hast den Sternenhimmel beobachtet und überlegt, von wo du wohl herkommst.

Viele Gestirne hast du besucht, viele Systeme kennst du, du bist ein Wesen mit viel Erfahrung, das beschloss, einen Teil seines Seins in die tiefe Materie zu schicken. Das ist wie die russische Babuschka-Puppe, in der eine Puppe steckt, die wiederum eine Puppe beinhaltet, in der eine Puppe steckt ... Doch, wie schon erwähnt: Alles ist die Puppe. Du bist nicht nur mit diesem, in einem der letzten Kapitel erläuterten, irdischen Vierkörpersystem ausgestattet, du bist viel mehr, du hast viele andere Körper. Von diesen Körpern gibt es wieder Bewusstseinsanteile, die in anderen Zeitschienen agieren. Es gibt so viele Möglichkeiten für dein Höheres Selbst, Erfahrungen zu machen. Du bist eine davon. Das macht dich hoffentlich nicht traurig und du fühlst dich hoffentlich auch nicht allein gelassen. Dein Höheres Selbst ist voller Liebe und Achtung vor dir und freut sich, dich immer mehr berühren zu können. Es möchte deine Aufmerksamkeit und dein Verständnis. Deshalb ist es so wichtig, das Persönlichkeitsselbst, das Ego, ein bisschen in seine Schranken zu verweisen und es dabei liebevoll in den Arm zu nehmen. Es sind harte Zeiten für das Ego, denn es muss die Führung abgeben. Es macht Sinn, das Höhere Selbst zu bitten, es möge das Ego an die Hand nehmen und ihm versichern, dass es trotzdem weiterhin gebraucht wird, dass es aber mit dem Höheren Selbst verschmelzen wird. Das ist der Prozess, der zurzeit vor sich geht.

Du übergibst deine alten Erfahrungen, deine Prägungen, dein Ego, deinen Verstand dem Höheren Selbst und bittest es, es möge dies alles sortieren, transformieren und mit seiner großen Liebe in die richtigen Bahnen lenken. Denn ich darf dir versichern, dass du als Mensch in Kombination mit dem Ego und allen irdisch geformten Anteilen keinen Überblick hast, was wann zu tun ist, damit du ein harmonisches

Ganzes bist. Und das ist doch dein Ziel, nicht wahr? Deshalb bitte dein Höheres Selbst um Hilfe. Verstehe es bitte so, dass dein Höheres Selbst und die Selbste, die über ihm sind, jetzt ihre Aufmerksamkeit ganz auf dich gelenkt haben und auf Anteile von dir, die ebenfalls noch in der Dualität der Erde unterwegs sind. Alle Höheren Selbste sind jetzt dabei, ihre Fragmente wieder heimzuholen oder, wenn sie noch hier verweilen wollen, mit ihnen zu verschmelzen. Das ist kein Spiel, sondern eine Aufforderung aus höchster Ebene. Das Konstrukt der Dualität erfährt eine Veränderung, das wurde auf höchster Ebene beschlossen. Das betrifft nicht nur die Erde, sondern vielmehr das ganze Sonnensystem, eingebunden in die Galaxie mit vielen Sonnensystemen. Eine Generalveränderung ist ausgerufen. Und die hohen Schöpferwesen, die ihre Anteile aussandten, um Erfahrungen zu machen, rufen sie zurück.

Ich empfehle dir, die Verbindung mit dem Höheren Selbst intensiv zu pflegen, Näheres dazu in einem späteren Kapitel. Diese Verbindung beinhaltet auch eine Verbindung zu weiteren Höheren Selbsten, denke an die Analogie der Leiter. Du kannst mit den höchsten Stellen deines Seins in Verbindung sein. Und noch weiter gedacht, ist dies letztlich alles eine große „Suppe", ein Bewusstsein, das des höchsten Schöpfers. Trotzdem besteht bis zu einer gewissen Ebene des Seins die Möglichkeit, individuell zu agieren, aber dennoch bleibt das nicht ohne Auswirkungen auf das Ganze. Ein komplexes System, nicht wahr? Aber letztlich ganz einfach zu verstehen. Nichts ist allein, alles ist miteinander verbunden. Deshalb hat alles, was du tust, nicht nur Auswirkungen auf dich, und es macht keinen Sinn, zu denken, dass das, was du heimlich tust, keine Auswirkungen hätte, nur weil andere diese nicht sehen können.

Der Kern dieses Kapitels ist: Sei offen für die vielen Anteile, die du bist. Erschrecke nicht, wenn du in der Zeit vor dem

Einschlafen plötzlich in der Entspannung Gesichter, Menschen, Städte oder ganze Szenarien siehst, die dich fremd anmuten. Es ist deine Möglichkeit, dich in andere Ebenen einzuklinken. Das könnte die astrale Ebene sein, es könnten Parallelwelten sein, es könnte auch dein eigener Seelengarten sein – diese astrale Traumwelt, in der du alles erschaffen kannst, um Erfahrungen zu verarbeiten. Aber ich weiß, dass du in dieser Phase des Einschlafens, jetzt, in dieser wichtigen Zeit, von deinem Höheren Selbst in andere Ebenen emporgehoben wirst. Manchmal siehst du vielleicht auch ein Auge, das dich einfach nur ansieht. Einige von euch haben solche Erfahrungen schon gemacht. Es ist das Auge deines Höheren Selbst, des Teils, der noch Form hat. Er schaut mal nach dem Rechten, beobachtet dich und beantwortet sicher auch die Fragen, die du vielleicht stellen magst. Sei nicht erschrocken, wenn dieses Auge nicht menschlich ausschaut. Vielleicht ist dein Höheres Selbst von einer der Rassen, die den genetischen Samen für die Menschheit gaben, selbst aber äußerlich eher einem Reptil ähneln. Du siehst nun: Es macht Sinn, seine Einstellungen bezüglich deiner Abstammungslinie einmal zu beleuchten. Wahr ist, dass einige Außerirdische hierherkamen, die keine menschliche Statur hatten, wie die Delfine oder die Drachen, die außerirdische Nachkommen sind. Überdenke deine Einstellungen zu Ideen, die du gelesen oder gehört hast über die Kriege und Manipulationen, die mit den Menschen und auf der Erde stattgefunden haben. In vielen alten Überlieferungen kann man davon lesen, wenn man sich die Mühe machen möchte. Sie berichten von unterschiedlichsten Aktivitäten, Kriegen, Atomkraftszenarien und vielem mehr. Es gab einen Krieg der Götter, die sich die Menschen untertan machten, der auf andere Art und Weise noch immer nicht beendet ist.

Viele von deinen Erinnerungen und Ängsten stammen aus dieser Zeit. Du hast sie in dir. Es ist nun an der Zeit, sie zu entlassen, damit deine wahren Eltern, die interdimensionalen, jetzt durchkommen können, um dich liebevoll in ihre weit geöffneten Arme zu schließen. Sollte das Auge, das dich des Abends ansieht, reptilienähnlich sein, dann öffne dein Herz dafür. Vielleicht bist du hier, um mit deinem Höheren Selbst wiedergutzumachen, was die interdimensionale Familie in früheren Zeiten der Erde und der Menschheit antat. Dann bist du ein Fragment eines hohen Wesens, das die Seiten wechselte und nun im Lichte dient. Und es ist hier mit dir, um Altes auszugleichen. Denn nichts bleibt ohne Wirkung, wie du weißt. Könnte es sein, dass einige, nun erwachte Wesen ihren Weg der Evolution nicht weitergehen können, ehe sie nicht ihre Schandtaten, ihre dualistischen Erfahrungen ausgeglichen haben, und deshalb aus der Zukunft jetzt hierherkommen? Aber was sind schon Zeit und Raum!

Erkenne die Zusammenhänge, meditiere ein bisschen über dich, deine wahre Familie, und darüber, was wohl jetzt deine Aufgabe sein könnte. Und spüre, wie sich dein Höheres Selbst in deine Gedankengänge einwebt. Wenn du aufmerksam bist, wirst du bemerken: Es denkt mit dir und gibt dir Erkenntnisse. Du weißt dann ganz sicher, dass diese Gedanken nicht deine sind, dass *es* dich initiiert hat. Fantastisch, nicht wahr? So bekommt dein Sein hier auf der Erde eine neue Qualität und vielleicht auch einen anderen Sinn. Der ist dann wirklich damit verbunden, dass die Dualität, die du sonst in deinem Leben kennst, nicht mehr so sein wird. Manchmal scheint es so, als würde einiges an dir abperlen, als würde es nicht mehr greifen. Die Dualität wird schwächer. Du nimmst „Gut und Böse" nicht mehr so wahr, weil es lediglich die zwei Seiten einer Medaille sind, das wird dir bewusst. Du gehst aus der Wertung heraus, das geschieht immer öfter. Du bist wie auf einer Wolke und trotzdem agierst du und tust immer das Richtige zur richtigen Zeit. Es geht nicht darum, nichts mehr zu tun, deshalb bist du nicht hier. Du agierst immer mehr mit den Energien deines Höheren Selbst und mit deinen höheren Anteilen. Es ist hauptsächlich der Teil von dir, der nicht in der Dualität ist. Nun lass ich dich damit allein, lass alles in deinem Herzen und deinem höheren Verstand wirken. Lehne dich zurück, und lass dich inspirieren, was als Nächstes zu tun ist.

Teil 2

Die Werkzeuge zur ganzheitlichen Heilung

Die heilige Astrologie

Wenden wir uns im ersten Kapitel des Teiles, in dem es um die Werkzeuge für die Zeit des Erwachens geht, gleich zu Beginn einem Werkzeug zu, das eine lange Tradition hat. Es ist bekannt, wenngleich auch oft missverstanden. Denn die heilige Astrologie hat im Laufe der letzten Jahrhunderte an Ansehen verloren, sie wurde degradiert, oft nicht verstanden und falsch interpretiert. Als eine Spaltung zwischen Wissenschaft und Spiritualität im vorletzten Jahrhundert in England offiziell ausgerufen wurde – das hatte etwas mit der Kirche und ihren Alleingängen zu tun –, wurde die Astrologie in eine Außenseiterposition verbannt. Wenn man heute in die vielen „Blätter" der täglichen menschlichen Lektüre schaut, sind da so manche Horoskope zu sehen, die sehr wenig mit dieser heiligen alten Wissenschaft zu tun haben. Schauen wir ein bisschen genauer hin und werfen wir einen Blick weit in die Vergangenheit, so waren Astronomie und Astrologie, ihr Heilwissen und seine Anwendung eng miteinander verbunden. Es war nichts Separates. Das wäre auch eher ein Paradoxon. Die umliegenden Planeten, die das Sonnensystem erfüllen, sind mit ihren Energien eine wichtige Verbindung zu Allem-was-ist, und sie befinden sich in Resonanz mit dem, was wir alle „wirklich" sind. Nichts steht für sich allein. Die Energien der Planeten, der Gestirne, haben einen Einfluss auf das gesamte menschliche Sein.

Die alten Atlanter waren in dieser Wissenschaft sehr hoch entwickelt. Das, was man heute weitläufig „Channeling" nennt und was in diesem Buch eine wichtige Rolle spielt, war damals ebenfalls hochgeehrt. Da alle Planeten Wesen sind – Bewusstseine, die eine eigene, nennen wir es,

„Persönlichkeit" haben und somit auch in vielen Facetten leben –, korrespondieren sie mit dem Leben der anderen Planeten und der Wesen, die auf oder in ihnen leben.

Ich bitte dich, zum besseren Verständnis einmal die Augen zu schließen und dich ganz dem Sonnensystem und seinen Planeten zu öffnen. Spüre jeden einzelnen der Planeten, fühle, was er aussagt, was er repräsentiert und was er dir vermitteln will. Wie fühlt sich die Venus an, wie der Mars, wie Neptun? Es sind Unterschiede zu spüren, nicht wahr? Das kannst du beliebig oft und lang fortsetzen, es schärft das Gefühl für die Umgebung des Planeten Erde und lässt erkennen, wo und mit wem du besonders in Resonanz gehst.

Damit ist sicher ein Thema verbunden, das dich im Augenblick beschäftigt. Viel Marsenergie ist zurzeit auf der Erde zu spüren. Es handelt sich um bestimmte Energien, die der Mars symbolisiert und die auf die Erde einwirken. Auch da gibt es feine, unterschiedliche Resonanzen, denn 2011 ist stark mit Mars verbunden und wird von ihm beeinflusst. Das siehst du an den Ereignissen, die jetzt politisch, wirtschaftlich und sozial von den Menschen initiiert werden. Gepaart mit anderen Strömungen der Geschwisterplaneten können diese Marsenergien nicht nur große Veränderungen bringen, sondern sogar zu totalen Zusammenbrüchen führen. Der große Wandel wird von den Einflüssen eurer Nachbarn – den Einflüssen der anderen Planeten – stark beeinflusst, ja sogar mit eingeleitet, alte Ursachen und Wirkungen spielen ebenfalls eine große Rolle. Da jeder Mensch dafür mehr oder weniger offen und davon berührbar ist – darauf kommen wir gleich noch konkreter zu sprechen –, spürt das jeder Mensch auf seine Art. Ich möchte nicht im Einzelnen auf die Kräfte der Planeten eingehen, das bedarf nicht nur ein paar Zeilen mehr, es ist vielmehr ein großes Gebiet und erfordert viel

Einfühlungsvermögen und eine Offenheit für außergewöhnliche Erkenntnisse. Es braucht heute ein tiefes Sich-Einlassen auf dieses Thema. Du darfst außerdem gewiss sein, dass das auch an dir nicht spurlos vorübergeht. Wer sich auf die Astrologie wirklich einlässt, steht selbst in starker Verbindung zu den Planetenströmungen, und das arbeitet an einem selbst. Das ist eine logische Folgerung, denn wofür du dich auch interessierst, das engagiert sich in dir, das ist in deinem Feld und geht mit dir in Resonanz.

Nehmen wir an, du öffnest dich für die heilige Wissenschaft „Astrologie", dann erkennen die Wesen, die Hüter der einzelnen Energien, dieses und sehen es als Aufforderung, dir dienlich zu sein. Das bedeutet, ihre Schwingungen gehen mit deinem System stark in Resonanz. Das öffnet deine Themen und lockert die alten Muster, die sich durch Anspannungen bemerkbar machen und jetzt nach oben entlassen, ausgeglichen werden wollen. Das ist wie mit den wahren Heilern: Sie gehen erst einmal selbst in Resonanz mit den Unebenheiten und spüren die Themen in sich selbst. Wer sich also auf den Weg macht, sich wirklich dafür zu öffnen – und das hat sehr wenig mit einem Computerhoroskop, das man kaufen kann – zu tun, der erfährt selbst eine große Wandlung. Alle Dinge, die mit den vorgegebenen Lebenszeichen eines Menschen zu tun haben, sollten sehr sensibel und achtsam behandelt werden. Wer einen Menschen mithilfe der Astrologie, durch hellsichtige Fähigkeiten oder heilerische Qualitäten näher betrachtet und ihm helfen möchte, muss reinen Herzens sein und sehr verantwortungsvoll mit diesen Gaben umgehen. Überlege genau. Wo möchtest du in das Leben eines Menschen, der sich dir anvertraut, eingreifen? Wenn du dich als Heiler den Göttlichen Energien einfach öffnest, dann ist es wunderbar. Die Energien, ohne zu werten, einfach das tun zu lassen, was ansteht, ist geehrt und geliebt.

Als Astrologe hast du es da schon etwas schwerer. Die

Menschen kommen zu einem Astrologen, um sich beraten zu lassen. Meist geht es um Themen, die mit Materiellem und der menschlichen Liebe zu tun haben. Als Drittes folgt die Gesundheit. Man erwartet von dem Astrologen eine Voraussicht dessen, was eintreten kann, soll oder wird. Eine nicht leichte Aufgabe ist das, was meinst du?

Nehmen wir an, du selbst gehst zu einem Astrologen und möchtest gern die Strömungen von 2011 anschauen lassen und wie sie dein Leben beeinflussen (können). Du möchtest wissen: „Was steht an, welche Themen sind in diesem Jahr wichtig für mich? Wie steht mein Sein in Verbindung zu den Planetenenergien und wann berühren sie meine in diesem Jahr wahrscheinlich anstehenden Themenbereiche intensiv?" Das zu bearbeiten ist sehr komplex. Und jetzt kommt das Wichtige zu diesem Thema: Das Ergebnis hängt davon ab, was du mit den Informationen anstellst. Schauen wir kurz zurück: Du bist hier auf die Erde mit einigen Themen, mit karmischen Imprinten, mit Mustern gekommen, die du bearbeiten wolltest. In Verbindung mit den alten und den durch Familie und andere erworbenen Prägungen bist du das Wesen, das du sein wolltest, als du auf der anderen Seite des Schleiers das neue Leben plantest. Nun bist du in diesem Leben schon stark erwacht, sonst würdest du diese Zeilen nicht lesen. Deine karmischen Imprinte sind größtenteils gelöst und du arbeitest mit der Neuen Energie – manchmal auch gegen sie – an den Mustern und Prägungen, um frei zu werden und aus der Nullzone – aus der Leere – heraus zu agieren. Der freie Wille, der diesem Planeten und seinen Menschen gegeben ist, ist nur wirklich frei, wenn auch du frei bist. Nur dann kannst du deine wahre Freiheit erschaffen. Das leuchtet ein, nicht wahr? Doch nun lass uns fortfahren mit deinem imaginären Astrologenbesuch: Wenn du dem Astrologen durch die Angabe deiner Daten gestattest, deinen Lebensweg für 2011 zu beleuchten, dann wird er dir vielleicht auch Themen in gewissen Konstellationen anbieten, die du schon längst bearbeitet hast. Wann du was bearbeitest, entscheidest du selbst. Es gibt Zeitfenster, die man nehmen kann, aber es folgen immer wieder neue, wenn du an einem vorbeigegangen bist. Es kann also sein, dass die Themenbereiche, die dort im Horoskop auftauchen, schon bearbeitet sind. Das Zeitfenster ist offen für andere Themen, die gerade anstehen – wenn es welche gibt – oder es bleibt neutral. Ein Horoskop spiegelt das wider, was du in dein Paket hineingepackt hattest, als du hierherkamst. Aber durch die Neue Energie ist vieles anders geworden.

Passend dazu erzähle ich dir noch etwas ganz Besonderes, was diese Zeit und auch die Astrologie betrifft: Was wäre denn, wenn du immer enger mit deinem Höheren Selbst in Verbindung stündest? Hätte die Astrologie dann für dich immer noch Bedeutung? Eine gute Frage, nicht wahr? Wenn man mit dem Höheren Selbst in Verbindung ist – und das geschieht zunehmend in dieser Zeit –, dann nimmt der Einfluss der Planeten, auch der der Elemente, aus denen der Mensch besteht, ab. Wenn du ganz mit deinem Höheren Selbst verschmolzen bist, bist du dem Wirkungskreis der Planetenenergien entzogen. Denk bitte einen Augenblick darüber nach. Es ist eine logische Folgerung dessen, was wir empfehlen und was im Augenblick mit vielen alten Seelen geschieht. Es geht um die Reise nach Hause, den Weg zurück in andere Gefilde, das ist mit der Verbindung zu den höheren Anteilen verbunden. Es geht um das Loslösen aus dem irdischen Bannkreis: Je mehr du mit deinem Höheren Selbst verbunden bist, desto mehr stehst du in seinem Bannkreis und nicht in denen der Nachbargestirne beziehungsweise ihren drei- und vierdimensionalen Schwingungen. Interessant, nicht wahr? Viele Menschen, die sich mit der Astrologie beschäftigen, wissen das nicht. Fairerweise muss ich erwähnen, dass viele Menschen sich auch nicht intensiv mit der Neuen Energie beschäftigen, sie wissen darüber nicht viel oder sie wissen nur ansatzweise Bescheid, nicht in ganzer Konsequenz. Das ist auch gut so, denn dieser Dienst wird noch gebraucht: Viele junge Seelen sind jetzt auf der Erde und genießen das Spiel der Dualität, auch wenn sie mit Schmerz, Not und Hunger zu tun haben. Sie brachten viele Themen mit und sind ganz und gar in den Spielbereich der Erde und den der Nachbarn – der anderen Planeten – integriert. Ich weiß, das klingt sehr sachlich, aber betrachte es von einer höheren Warte aus: Es sind die Erfahrungen, die sie machen wollen. Das sollte dich und andere Menschen, die schon länger hier sind, jedoch nicht daran hindern, ihnen Licht, Liebe und vielleicht eure Fürsorge zu schenken.

Jetzt werfen wir noch einen Blick darauf, wie es ist, wenn du mit deinem Höheren Selbst verbunden bist, denn du kommst dann in einen anderen Wirkungskreis. Andere Umgebungen auf deiner weiteren Reise haben jetzt Einfluss auf dich. Das ist auch der Grund, warum viele alte Seelen sich immer mehr mit ihrem interdimensionalen Karma beschäftigen, meist allerdings unbewusst. Sie fragen sich: „Wo war ich vorher in diesem dualen System? Welche Auswirkungen hat das auf meine höheren feinstofflichen Körper?" Diese Themen kommen jetzt näher. Einige von euch haben Tagträume, Visionen, die nicht von dieser Zeit hier auf der Erde stammen, sondern mit anderen Planeten zu tun haben, mit anderen Sonnensystemen und Galaxien. Es können dann sogar Erkenntnisse aus anderen Universen sein, so weit und energetisch hoch, bis sich Ursache und Wirkung auflösen beziehungsweise nicht mehr existieren, weil es so etwas ab einer bestimmten Schwingungsebene nicht mehr gibt.

Das ist der Weg nach Hause, den viele jetzt antreten wollen in diesem Leben oder in einem weiteren. Einige von euch Lesern wissen bereits, dass sie wiedergeboren werden. Es ist sogar möglich, mit dem Höheren Selbst zu besprechen, als was und wo das sein wird. Die Themen für eine weitere Inkarnation sind übersehbar und schon festlegbar, sie liegen meist auf der Hand. Dann ist da noch die Komponente des Dienens. So mancher von euch kommt wieder, weil er hier helfen möchte, das Neue zu etablieren, und weil er anderen Menschen dienen möchte. Der geehrte Meister und Freund Saint Germain ist so ein Wesen, das die eigene Weiterentwicklung zurückgestellt hat, um den Menschen dienlich zu sein. Vielleicht bist du in seiner Gruppe oder in der eines anderen hohen Wesens. Auch ich bin hier, um den Menschen zu dienen. Ich komme von weit her, wie so manch einer von euch. Das Universum, von dem ich komme, existiert nicht mehr, es ist aufgelöst, und die Seelen, wie ich eine bin, sind ausgeströmt, um die Liebe in andere Regionen zu bringen.

Lass mich dir noch sagen, dass auch ich so etwas wie ein Sternenbewusstsein habe. Ich bringe bestimmte Energien und Strömungen mit, die sehr spezifisch sind. Vielleicht magst du jetzt kurz innehalten und ganz in das Gefühl von Kryon eintauchen. Was fühlst du? Welche meiner Energien kannst du spüren? Welche Themen mag ich wohl in dir anregen? Womit gehst du jetzt in Resonanz in dieser tiefen Verbindung mit mir? Wenn du weiterschreiten willst in deiner Entwicklung, dann öffne dich ganz für mich. Ich helfe dir, Themen der Selbstakzeptanz zu bearbeiten, darin bin ich Spezialist. Ich stehe in Verbindung mit deinem Höheren Selbst. Wir haben uns geeinigt, was jetzt in deinem Schwingungsbereich angestimmt werden darf. Dein Höheres Selbst hat mich als Helfer auserkoren, denn einige von euch schenken eher einem geistigen Führer ihre Aufmerksamkeit als dem Höheren Selbst. Aber wir wollen nicht in Wertung gehen. Jeder Weg ist recht. Wie sagt ihr so schön: Viele Wege führen nach Rom.

Fassen wir kurz zusammen: Die heilige hohe Wissenschaft der Astrologie ist unter anderem ein Spiegel für die

Zeit hier auf der Erde bezüglich der Dinge, die du bearbeiten möchtest, und zeigt die passenden Zeitqualitäten auf. Das ist jetzt etwas einfach ausgedrückt, trifft aber das, was für deinen weiteren Weg wichtig ist. Astrologie ist allerdings noch viel mehr, wir streifen hier nur einen Aspekt. In dieser neuen Zeit verändern die Neue Energie, die auf die Erde strömt, und die Veränderung der Erdumlaufbahn dein Leben hier auf der Erde ebenfalls. Vieles erledigst du im Turbogang und insofern verändert sich auch der Spiegel. Wer mit dem Höheren Selbst immer mehr in Verbindung ist – und das ist das Ziel dieser Zeit –, hat eine andere Lebensqualität und rutscht ganz bewusst aus dem Spielfeld der Erde heraus. Was nicht bedeutet, dass der Mensch hier nicht bewusst in der Dualität leben sollte. Aber es ist dann eine andere Qualität, hier zu sein, und es ergeben sich neue Erkenntnisse und somit auch andere Lebensziele. Wer immer mehr mit dem Höheren Selbst verschmilzt, hat neue Wege eingeschlagen, die sich langsam von der Erde entfernen. Der Wirkungskreis des morphogenetischen Feldes, des Massenbewusstseins, wirkt dann immer weniger: Du bist in einem anderen Wirkungskreis.

Jetzt habe ich noch eine besondere Empfehlung für dich: Da du meist leider nur in bestimmten Situationen eng mit deinem Höheren Selbst verbunden bist, kannst du die heilige Astrologie nutzen, um gezielt mit gewissen Themen zu experimentieren. Wer ein bisschen Zeit hat, sollte sich damit beschäftigen. Eine Sache, eine Unternehmung, kann ganz gezielt beeinflusst werden durch die Unterstützung gewisser Planetenenergien, wenn man sich tief in diese Energien hineinbegibt. Das wäre sogar ein Experiment, das du mit deinem Höheren Selbst zusammen durchführen könntest. Gemeinsam ein Projekt oder eine private Sache so gezielt mit der Multidimensionalität der Planeten des Sonnensystems zu platzieren und zu unterstützen ist eine feine Sache, besonders wenn andere Menschen daran beteiligt sind, wie vielleicht bei einer Geschäftsgründung. Wenn wir dies noch weiter verfolgen, eröffnen sich uns neue Energieströme, die von den Planeten und Sonnensystemen, die nun durch den neuen Weg näher in das Erdfeld rücken, ausgehen und jetzt schon spürbar wirken. Die Astronomen haben von zwei neuen Planeten gesprochen, die diesen Orbit bereichern. Es verändert sich viel, aber das ist auch eine gute Gelegenheit, Neues zu beobachten. Ich empfehle jedem, der sich für die „neue Astrologie" – so will ich sie nennen – interessiert, diese mit dem Gefühl zu erforschen. Wenn du keine Zeit hast, dich damit zu beschäftigen, oder es dich nicht interessiert, sei dir bewusst: Alles hat Einfluss auf deinen Weg, aber es wird schwächer bis hin zur Unbeeinflussbarkeit, wenn du die Verbindung zum Höheren Selbst pflegst. Du bist dann wie in einem geschützten Raum, das hast du sicher schon bemerkt bei den inneren Reisen und wenn du mit dir selbst kommunizierst. Das Höhere Selbst ist das Gefährt, die Instanz für neue Ebenen, für neue Reisen, die mit dem irdischen Spielplan nicht mehr viel zu tun haben.

Schau einmal kurz zurück, oder besser: Fühl in dich hinein: Gibt es etwas aus der Dualität, was du noch nicht erfahren hast? Sicher nicht, du bist ein alter Hase in diesem Metier des Lebens hier auf der Erde. Alle Facetten hast du gelebt. Jetzt führt dich dein Weg hinein in den Bereich der Leere – die Nullzone, in der alles wie neu kreiert wird, ohne vergangene Prägungen. Geehrt ist der Mensch, der versteht, dass alle Planeten dieses Sonnensystems Brüder und Schwestern sind, die auch in der Dualität ihren Weg gehen oder gegangen sind. Vielleicht hast du Lust, die höheren Energien dieser Geschwister kennenzulernen? Denn sie haben, wie die Erde auch, viele Gesichter und leben in vielen Dimensionen, auch in denen, die sich außerhalb der Dualität befinden.

Das eigene Universum erforschen und Symptome erkennen

Lasst uns nun gemeinsam das irdische Sein unter dem Aspekt der Ganzheit des Erdkonzepts betrachten. Nichts steht für sich allein, alles ist miteinander verbunden. So ist der Mensch ständig beschäftigt mit seinen eigenen Dingen, die er in sich gespeichert hat, und mit dem, was andere Menschen jemals dachten. Alles wird aus dem um die Erde herum gespeicherten Feld abgeleitet – mal mehr, mal weniger intensiv, mal bewusst, mal unbewusst. Du kennst das sicher: Du denkst etwas, was du eigentlich nicht denkst. Es ist nicht deines, es kommt nicht von dir. Dann tust du gut daran, es loszulassen, und es wird weiterziehen, ohne sich an dir selbst gütlich zu tun und sich bei dir einzunisten. Das geschieht nämlich, wenn du diesem Gedanken Gehör schenkst, dich mit ihm beschäftigst und ihn ständig erweiterst, weil du um diesen Gedanken herum Erlebtes und Gespeichertes aktivierst. Ein Gedanke, zum Beispiel die Angst vor Feuer – vielleicht hast du gerade eine Nachricht gehört oder etwas gesehen, was mit Feuer zu tun hat –, lässt dich in tiefe oder weniger tiefe alte Erinnerungen gehen. Du hast plötzlich ein Feuer in der Nachbarschaft aus deiner Kindheit im Kopf und du erinnerst dich an deine damaligen Angstgefühle. Du schöpfst in diesem Augenblick aus deinem eigenen Fundus. Du erinnerst dich an eine Situation, in der du beim Ausprobieren der Streichhölzer fast ein Zimmer in Brand gesetzt hättest, wenn deine Mutter nicht dazugekommen wäre. Das wiederum erinnert dich an die Angst, die du in bestimmten Situationen vor deiner Mutter hattest. Und dies wiederum lässt dich sinnieren, warum sie wohl oft so hart zu dir war. Das nun bringt dich zu wieder anderen Begebenheiten in deiner Kindheit oder lässt dich fragen, ob es wohl etwas war, was deiner Mutter anerzogen wurde und was sie von ihrer Mutter bekam und so weiter. So sind die Strömungen und Nährungen eines Gedankens unermesslich, wenn du es zulässt.

Lass uns nun dein Körpersystem näher beleuchten. Eigentlich bist du ein magnetisches Feld. Alles in diesem Universum bezieht sich auf das Erschaffen von Feldern, die sich in diesem Bereich des Universums durch magnetische Felder ausdrücken. Dein körperliches System ist ein erschaffenes magnetisches Hologramm. Dieses Hologramm wiederum besteht aus einzelnen magnetischen Feldern. Das sind zum Beispiel deine Organe und natürlich auch deine Zellen. Ich drücke das hier ganz einfach aus. In deinen Zellen ist die komplette DNS deines Seins als magnetische Spirale festgehalten. Jede Zelle ist mit anderen verbunden, sodass eine Zelle der anderen automatisch Veränderungen weiterleitet. So geschieht eine Veränderung deines Seins, die du als „Krankheit" bezeichnest und im Anfangsstadium meist als ein Unwohlsein wahrnimmst. Du bist nicht im Einklang mit der eigentlichen Schöpfung, die hohe Wesenheiten dieses Universums entwickelten. Die Schöpfung ist verzerrt, die Felder sind nicht optimal ausgerichtet. Wenn man Krebszellen betrachtet, die übrigens in jedem Menschen vorhanden sind, entsprechen sie nicht der Urblaupause und der magnetischen Ausrichtung. Ich empfehle deshalb oft, sich mit Magnetismus auseinanderzusetzen. Global betrachtet, ist Magnetismus eine Schöpferkraft, die alles entstehen lassen kann. Er ist, vereinfacht gesagt, das Allheilmittel für alles. Atomenergie, Wassermangel, Energieversorgung – alle Themen, die die Menschen heute beschäftigen –, können mit Magnetismus gelöst oder zumindest in die richtigen Bahnen gelenkt werden. Der Wissenschaftler Nicola Tesla hat das gewusst, er „erfand" Möglichkeiten, diesen Magnetismus für viele Dinge einzusetzen. Aber wie alles hat auch dieser Magnetismus, wenn er bearbeitet wird, hier auf dieser niedrig schwingenden Ebene zwei Seiten: die der Dualität, denn Magnetismus kann zum Wohle der Menschheit, aber auch zu ihrem Schaden eingesetzt werden. Darum prüfe, wer sich auf diese Wissenschaft einlässt. Der Segen liegt allerdings in dieser Zeit – das möchte ich zu deiner Beruhigung sagen – auf all jenen, die sich offenen und reinen Herzens damit beschäftigen.

Die Unterstützung der Ideenfindung, wie Magnetismus rechtens eingesetzt werden kann, ist nun gegeben. Es experimentieren einige Interessierte an kleinen Maschinen, die Autos ohne Benzin oder Strom im herkömmlichen Sinne zum Laufen bringen und andere Maschinen antreiben. Es werden weitere Versuche gemacht, mit Magnetismus die Wasserkraftwerke als Energiequelle in den Vordergrund zu rücken. Das Wasser an sich wird knapp auf dieser Erde, und das Meerwasser kann mit Magnetismusfrequenzen entsalzt werden, um diesen Mangel auszugleichen. Die Pioniere werden unterstützt, um Möglichkeiten zu finden, dies für den Alltag nutzbar zu machen, auch wenn das alles für die Allgemeinheit noch ein bisschen in der Ferne liegt. Doch wer sich aufgerufen fühlt, experimentiere damit, ich bin in der Nähe, um behilflich zu sein.

Ich erzähle das alles hier, weil auch du – sei nicht entsetzt – so etwas wie eine magnetische Maschine bist. Alle deine Anteile stehen magnetisch zueinander in Korrespondenz. Alle Organe sind untereinander verbunden. Sie arbeiten sozusagen paarweise. Das haben die alten Medizinmänner, die chinesische und indische Medizin schon lange gewusst und sie haben damit gearbeitet. Die Meridiane sind die Bahnen für die Göttliche Energie und sie sind ebenfalls durch Magnetismus miteinander verbunden. Sie sorgen dafür, dass du aus den höheren Ebenen deines Seins mit

Energie und Informationen gespeist wirst. In dir gibt es ein feinmaschiges Netz, das auch mit den höheren Ebenen in Verbindung steht. Deshalb sprechen wir auch oft von dem kristallinen Gitter als „Netz des menschlichen Bewusstseins". Du erweiterst das Magnetgitter deines irdischen Systems – dein eigenes Magnetgitter um dich herum – um ein weiteres Magnetgitter, das deine höheren Ebenen ausmacht. Du verbindest dich mit ihnen. Du erweiterst die Vernetzung, damit dein irdisches Feld mit noch mehr Energien versorgt werden kann, die wiederum mit Informationen aus höheren Ebenen verbunden sind. Ich spreche in diesem Zusammenhang gern von deinem „interdimensionalen Bein". Und das Neue daran ist: Es geht nicht darum, die irdische Ebene zu verlassen, sondern darum, sie mit den höheren Energien, mit dem erweiterten Magnetfeld, zu verbinden. Die Wissenschaftler stellten fest, dass sich das Erdmagnetgitter immer mehr abschwächt. Das ist gut so, weil es Platz macht, sich öffnet für höhere Netze der Göttlichen Verbindungen. Das mag für einige unter euch Menschen zu Irritationen führen, doch letztlich siegt die Liebe des höheren Seins. Sie ist die Göttliche Kraft, die magnetisch heilt, denn die Energie, die jetzt die magnetischen Felder, die ihr seid, erreicht, bringt Energie von zu Hause mit.

Lass uns jetzt die Felder deiner verschiedenen Körper, die wir schon beschrieben haben, näher anschauen. Was sie enthalten, ist mit all dem gespeist, was ihr braucht, um hier leben zu können. Deine DNS ist, wenn du hier zum ersten Mal inkarnierst, nicht mit irdischen magnetischen Strömungen, sprich Erfahrungen, gespeist. Das geschieht erst, wenn du hier inkarnierst. Dann füllst du deine Körper mit Informationen aus deinem Erdenleben immer wieder neu, und einiges wird sich auflösen, gelöscht werden, wenn es sich ausgleicht. Anderes bleibt und wird von Leben zu Leben erweitert, gelöscht, neu belebt und so weiter. Was du außerdem noch in dir trägst, sind die neun DNS-Stränge, die für die Wissenschaft „überflüssig" sind, es sind deine interdimensionalen Prägungen. Es sind die, die außer den von der Wissenschaft entdeckten und verwendeten genetischen Strängen, die alle Informationen der Ahnen deiner Blutlinie enthalten, noch existieren. Diese interdimensionalen Stränge werden nun immer mehr für dich einsehbar und spürbar. Sie wurden vor langer Zeit verschlüsselt, schlafen gelegt; das war sehr wichtig, um sich beim Erdenspiel nicht an all das Interdimensionale zu erinnern. Nun bist du dabei, diese immer mehr zu öffnen. Das kann auch zu Irritationen deines irdischen Körpers führen, der dies nicht einordnen kann. Deshalb ist es so wichtig, dass du auf deinen Körper hörst, darauf achtest, was er braucht, und dir entsprechend Ruhe und Pflege gönnst.

Meine Botschaft an dich ist: Spiele mit dir selbst. Erobere deine eigene innere Welt, dein Universum, denn du bist ein Teil des großen Universums, dieses Sonnensystems, der Galaxie. Du bist ein Tropfen im Ozean. Und jeder Tropfen des Ozeans weiß alles über das Meer. In jedem Ozeantropfen sind die gesamten Informationen des Meeres gespeichert. Nur: Der Tropfen weiß das oft nicht. Aber das muss er auch nicht, denn er ist ja ständig mit dem Ganzen verbunden, er ist die Information selbst und er fließt mit dem Ganzen. Du bist der Tropfen des großen interdimensionalen Seins, der denkt, er sei nicht mehr im Meer, sondern getrennt wie ein Tautropfen auf einem Blütenblatt. Bedenke: Letztlich kommt der Tropfen, vielleicht auch durch einen alchimistischen Prozess, wieder zu dem Ozean zurück. Interessant, nicht wahr? Du bist der Tropfen, der sich jetzt seines Ozeans bewusst wird.

Wir empfehlen in den Seminaren und auch in den monatlichen Channelings immer wieder kleine Übungen, die dir die Möglichkeit geben, dich selbst näher kennenzulernen. „Wer ist Kryon?", hast du einmal gefragt. Ist es möglich, dass ich ein Teil von dir bin? „Wer ist Erzengel Michael?" Ist es möglich, dass auch Michael ein Teil von dir ist? Der Weg nach Hause bringt es mit sich, dass wir uns alle kennenlernen. Wir stellen fest, dass wir alle der Ozean sind.

Lass uns nun eine kleine Übung machen, die dir zeigt, was du in deinem physischen Sein alles bist. Ich meine damit dein Vierkörpersystem, das es dir möglich macht, hier zu inkarnieren. Schließe deine Augen und verbinde dich nacheinander mit deinem physischen Körper, mit deinem Emotionalkörper und deinem Mentalkörper. Das ist nicht so schwer, wie du vielleicht denkst. Ich werde dich leiten, denn ich möchte dir vermitteln, wer oder was es dir möglich macht, als Mensch hier zu inkarnieren. Das zu erfahren, ist auch mit dem Verstand durch viele Informationen möglich, aber dann ist es mental. Ich möchte dir das alles und mehr über das Fühlen vermitteln. Erfühle dein Sein, das ist der Göttliche Weibliche Weg, der nun die Veränderung der Erde einläutet.

Schließe deine Augen und begib dich mit deiner reinen Absicht in deinen physischen Körper. Sei dir deines Körpers bewusst und nimm dich wahr. Mach das eine Weile, bleibe so lange in diesem Erkunden, wie du möchtest. Vielleicht gehst du durch jeden Körperteil hindurch und spürst, wie er sich anfühlt. Diese Erkundungen sind so vielfältig und immer wieder neu, weil dein Körper sich fortwährend verändert. Er passt sich der jeweiligen Lebenssituation und der der Erde an. Du kannst auch in die Bereiche deines Körpers hineingehen, die sich nicht gut anfühlen. Vielleicht ist dort auch schon eine Krankheit manifestiert. Lass dich ganz auf diese Übung ein und werde dir bewusst.

Nun habe die reine Absicht, dich mit deinem Emotionalkörper zu verbinden. Bitte gern dein Höheres Selbst darum, ihn dir zu zeigen, dann wird es so sein. Es ist eine Reise mit dem Gefühl. Du gehst genau durch die körperlichen Formen, lediglich in einer höheren Schwingung. Du erforschst deinen Körper auf der emotionalen Ebene und wirst feststellen, dass jede Stelle deines Körpers sich anders anfühlt. Das kann sehr warm und innig sein, aber auch sehr traurig, übermüdet, angestrengt, verhalten, versteckt, widerwillig. Erkunde dich, und frage die Bereiche, warum es ihnen so geht, wie du es wahrnimmst.

Wie schon oft berichtet, bedarf es heute keiner ausgeklügelten und tiefen Therapien mehr, um die gespeicherten Erfahrungen, sogar Traumata, zu behandeln. Das muss natürlich jeder für selbst entscheiden, aber wir empfehlen, dass ihr mit euch selbst arbeitet, so wie hier beschrieben. Bitte dein Höheres Selbst oder Saint Germain mit der Violetten Flamme um Unterstützung oder lege dich in die Goldene Welle (siehe übernächstes Kapitel) und verbinde dich so mit den höherschwingenden Energien. Rückverbinde dich mit der Quelle allen Seins und erlaube dir damit, in die Klärung und Heilung zu gehen. Ich sage hier bewusst nicht: Erbitte es, sondern: Ermächtige dich selbst, in die Heilung zu gehen. Denn wir haben nicht die Befugnis – und auch niemand anders –, dich zu heilen. Deine höheren Anteile können deine Ermächtigung sehen und walten dann ihres Amtes, was immer sie dann wie einleiten. Verstehe bitte richtig: Es geht darum, dass du dir erlaubst, in die Heilung zu gehen, in die Ganzheit, das ist der Weg nach Hause. Es ist keine weite Reise wie von einem Kontinent zum anderen. Es ist die Erlaubnis, die du dir selbst gibst. „Ich bin heil!", sind die Worte, die du sagen solltest, während du mit dir selbst arbeitest, dich erkundest und fühlst, dass sich an irgendeinem Körperteil oder Organ niedere Schwingungen ausgebreitet haben.

„Ich bin heil!", das kannst du nicht oft genug denken und sagen. Einfach ausgedrückt, kannst du durch Erkunden deines physischen Körpers und indem du Symptome wahrnimmst,

auf die Spurensuche im Emotionalkörper gehen. Frage dich: „Welche Erlebnisse haben sich emotional bei mir festgesetzt?" Dann gehst du in die Selbstermächtigung und sagst dir: „Ich erlaube mir selbst, heil zu werden. Ich bin heil." Und unterstütze dies gern durch die geistigen höheren Wesen, die dir helfen, die Energie der Einheit durch dich hindurchfließen zu lassen, oder gestatte dir selbst, dich in diese Energie einzuklinken, in die Goldene Welle, von der ich noch sprechen werde. Dann gehe davon aus, dass du heil bist. Zweifle nicht an diesem heiligen Vorgang. Gehe nicht wieder in deine mentale Ebene, hinterfrage nicht alles und suche nicht nach Beweisen. Verstehe, dass Heilung auf höheren Ebenen deines Systems eine Weile brauchen kann, um sich körperlich auszudrücken.

Erforsche nun deinen Mentalkörper, und spüre, welche mentalen Prägungen und Lebensmuster dort dein Leben bestimmen und ob sie vielleicht Verspannungen oder andere Symptome in deinem physischen Körper verursacht haben.

Mediziner werden bei dieser empfohlenen Heilungsart vielleicht den Kopf schütteln und es für ausgeschlossen halten, dass Heilung so geschieht. Das kann so sein. Generell ist das jedoch die einfache Art, heil zu werden.

Das bedeutet nicht, dass man keine medizinische Hilfe in Anspruch nehmen kann. Bei einem Knochenbruch ist chirurgische Hilfe natürlich empfehlenswert. Auch andere Operationen sind, gerade wenn das Symptom sich schon sehr verstärkt hat, unumgänglich. Dennoch sollte zweigleisig gefahren werden. Der Mensch sollte zusätzlich schauen: „Warum ist das Symptom gekommen, was will es mir sagen?" Außerdem ist ein Bad in der hohen Göttlichen Energie, der Goldenen Welle, immer eine hilfreiche Unterstützung bei allen Operationen. Wir sagen immer wieder, dass die hohe Energie, die jetzt auf die Erde kommt, mit einer Prise höchster Göttlicher Gnade gewürzt ist. Und wir sagen, dass deine reine Absicht ein Muss für deine Genesung ist. Du musst deine Heilung, dein Ganzsein wirklich wollen. Sieh dich einmal um: Es gibt einige Menschen, die wollen nicht gesunden, sie fühlen sich sehr wohl im Kranksein. Vielleicht weil ihnen sonst die Aufmerksamkeit anderer fehlt?

Könnte man vielleicht auch sagen, dass alles körperliche Übel aus mangelndem Selbstwertgefühl stammt, das aus dem Vertrauen in Gott resultiert? Diesem Gott, der in dir wohnt, der eigentlich alles regeln kann, der nur darauf wartet, mit dir einen neuen Weg einzuschlagen?

Das Erkunden des irdischen Körperpaketes, von dem ich eben sprach, bedeutet, dass man sich ein bisschen Zeit für sich selbst nehmen sollte. Wenn du ein wenig mehr Erfahrung mit dem Erkunden bekommen hast, wirst du bemerken: Es ist auch im Alltag gut einzusetzen.

Wann immer du bemerkst, dass dir etwas wehtut, dass du dich nicht wohl, nicht geliebt fühlst, bitte dein Höheres Selbst, es möge dir den Grund dafür zuflüstern. Dann nimm dir Zeit, dich selbst ein paar Stunden zu beobachten und stelle fest: „Wo falle ich ständig in ein altes Muster hinein? Wo sind meine Gedanken die Ursache für meine Befindlichkeit?" Hast du schon bemerkt, dass viele Muster mit Bewertung zu tun haben? Du bewertest den ganzen Tag lang. Viele Bewertungen entstehen aus der Angst: Angst vor anderen Menschen und davor, dass man wieder das erlebt, was vielleicht im Emotionalkörper gespeichert ist. Das können Verrat, Missbrauch, Mord, Raub sein oder auch viel subtilere Dinge wie, dass man keine Liebe bekommen hat, übergangen, ausgenutzt oder nicht beachtet wurde. Du willst dich mit deinen Gedanken schützen. Du analysierst jede Begegnung. Aber du denkst nicht: „Welche Seite mag an diesem Menschen besonders liebevoll sein? Welche äußeren Dinge gefallen mir besonders gut an dem anderen?

Er ist so gut gelaunt, so schön, es ist so angenehm, in seiner Nähe zu sein. Er wird mir sicher helfen und mich aufmuntern. Er wird das Beste für mich wollen."

Überlege bitte einmal ganz spontan, wie es dir geht, wenn du Menschen begegnest. Wie urteilst du? Damit hast du automatisch eine bestimmte Gedankenqualität aktiviert und du gehst in Resonanz mit alten Prägungen in dir. Diese werden dann verstärkt, und das ist, als würdest du ein eigenständiges Wesen kreieren. Verstehst du, worauf ich hinaus will?

Die alten Eingeweihten lernten über viele Jahre oder sogar Inkarnationen, ihre Gedanken zu kontrollieren. In der heutigen Zeit ist das ein schwieriges Unterfangen, weil du in einem sehr informationslastigen Zeitalter lebst: Überall sind Informationen, die sich mit alten überlappen. Deshalb bitte ich dich: Versuche so oft wie möglich, deine Gedanken zu überprüfen, indem du dich fragst: „Was denke ich gerade?" So klärst du auch dein Körpersystem, deine niederen Körper.

Ich weiß, dass du das Beschriebene wahrscheinlich bereits weißt, die Frage ist jedoch: „Bist du dir dessen auch bewusst?" Beginne jetzt gleich, dich zu fragen: „Was geht mir durch den Kopf? Was will mich von diesen Ideen ablenken?", denn das wird sich dir dann auch zeigen. Die Idee, vielleicht etwas anderes zu tun, wird sicherlich aufkommen. Denn auch das ist ja in dir und im gesamten Feld gespeichert. Lass dich nicht ablenken. Wenn das geschieht, gehe wieder zurück, und beginne neu, dich zu beobachten. Betrachte dich von einer höheren Ebene aus, was ja letztlich auch so ist. Nimm es dir nicht übel, wenn du wieder abschweifst. Das passiert und ist so menschlich.

Die Öffnung des Heiligen Höheren Herzens

Willkommen nun zu einer Königsdisziplin, sie ist der Weibliche Weg, der Weg in das Heilige Höhere Herz. Es gab in den alten Mysterienschulen zwei Wege, den Männlichen und den Weiblichen Weg. In der alten ägyptischen Tradition und anderen östlichen Weisheitstraditionen unterschied man ebenfalls zwischen diesen beiden Wegen. Heute würde man sagen, der eine Weg ist der der (höheren) Wissenschaft und der andere der der Göttlichen Mutter. Weibliche Energien zu fühlen und sich von ihnen leiten zu lassen bringt mit sich, dass man sich selbst mehr vertraut und dass man daraus erkennt, dass das innere weibliche Sein der weibliche Kern Gottes ist und der Weg in die Einheit. Da dieser Weg viele Jahrtausende vernachlässigt wurde, haben sich viele Menschen auf die männliche, starke, führende Energie eingelassen ... und dabei auch verlassen gefühlt. Dieser Weg der scheinbaren Erkenntnis der Wahrheit hat sich durchgesetzt. Der Weibliche Weg – der Weg der Barmherzigkeit und des Liebens einer jeglichen Schöpfung – ist verloren gegangen. Das ist deutlich bei der wissenschaftlichen Forschung, den Erfindungen und bei deren Umsetzung festzustellen. Jede Erfindung – besonders im Bereich der Physik und der Chemie, auch der Biophysik – kann mit der männlichen Seite erforscht und bearbeitet werden oder aber mit der weiblichen Sichtweise und dem dazugehörigen Einfühlungsvermögen, was die Achtung und Ehre des Gottes in jedem Selbst mit sich bringt, das somit sanft und gütig alles er- und belebt. Der Männliche Weg ist auch der Weg der Trennung zwischen Wissenschaft und Spiritualität. Als das vor Jahrhunderten geschah, war die

Forschung bereits auf die männliche Spur geraten. Denn Forschung ohne Spiritualität, ohne Gott, führt automatisch auf den Weg der Sachlichkeit, der linken analytischen Gehirnhälfte, der verstandesmäßigen Logik, und schließt damit das Anerkennen des Unerklärlichen, des Mystischen aus. Ich beschreibe dies so ausführlich, weil es das ist, was heute sehr stark, besonders im westlichen Bereich der Erde, gelebt wird. Leider sind die östlichen Bereiche und die Ureinwohner der Länder und Gebiete, die ihr Leben nach der ganzheitlichen Schöpfung gestalteten, in die Hände der „Missionare" gefallen, die ihnen die andere, sehr männlich dominierende Seite schmackhaft machten oder gar aufoktroyierten.

Lasst uns nun den Weiblichen Weg näher beleuchten. Wer sein Leben aus dem Herzen heraus gestaltet, der hat das ganzheitliche Leben als Ziel, der möchte seine männliche und seine weibliche Seite zu einem Ganzen verbinden. Wir haben in den anderen Büchern schon ausführlicher über diese Vereinigung der männlichen und weiblichen Seite eines jeden Menschen – von Mann *und* Frau – gesprochen. Sie wird auch „Chymische Hochzeit" genannt und findet jetzt in dieser Zeit bei vielen Menschen statt. Oft ist es ihnen nicht bewusst, denn sie geschieht jetzt in diesem allgemeinen Prozess der Transformation. Je mehr du die Wege der Klärung deiner niederen Körper, wie in den letzten Kapiteln beschreiben, gehst, desto klarer wirst du, und deine beiden Göttlichen Anteile können sich verbinden. Alles in deinem körperlichen System ist in die beiden Seiten – Licht und Schöpfung – aufgeteilt: dein Gehirn, deine Körperhälften, deine Hände und Füße, auch deine Organe sind in Männlich und Weiblich unterteilt. Ich erwähnte ja schon, dass Organe paarweise arbeiten. So ist nichts in deinem System einpolig. Das passt zur Dualität hier auf der Erde und gehört zu diesem System von Gut und Böse. Da ihr alle jetzt den Weg der

Einheit beschreiten wollt, müssen sich auch diese Anteile in dir vereinen beziehungsweise harmonisch miteinander arbeiten. Die Klärung deiner Muster erlöst die Dualität in dir und somit können deine männlichen und deine weiblichen Anteile sich immer mehr verbinden.

Deine beiden Gehirnhälften erfahren ebenfalls eine Vereinigung und zugleich eine Erweiterung. Sie werden an die höheren mentalen Ebenen angebunden und mit ihnen vernetzt. Das gehört zu dem Prozess der interdimensionalen Vernetzung mit den höheren Ebenen deines Seins. Hier spreche ich gern von „Verlichtung". Alles in deinem System, das du hier bist, um die Erderfahrungen zu machen, wird von Licht durchströmt, von immer mehr Licht – von so viel Licht, wie du es verkraftest. Denn bedenke: Du gehst Schritt für Schritt in diese Verlichtung hinein. Würde dies alles mit einem Mal geschehen, würde dein Schaltsystem, würden deine chemischen Verbindungen es nicht verkraften, bei dir würde quasi eine Sicherung durchbrennen. Alle deine Funktionen, deine Organe und Schaltstellen haben kleine Sicherungen – so will ich es beschreiben –, die bei bestimmten anomalen Geschehnissen durchbrennen. Das könnte in einer Ohnmacht enden oder in einem Koma. In diesem Fall hat der Körper – wie große Firmen – ein Notstromaggregat, damit der Betrieb weiterlaufen kann, sonst würdest du die Erde verlassen, indem du in den Tod hineingehst. Deine Systeme würden dann ihren Dienst einstellen.

Dein irdisches Herz ist ein wichtiges Organ, das die Zentrale deines Seins ist – das ist nicht das Gehirn, wie viele Menschen annehmen. Das Herz ist die Schnittstelle zu den höheren Ebenen. Wir sagen auch, dass man Verbindung zum Höheren Selbst über das Herz aufnimmt. Bei den inneren Reisen bieten wir eine Vermählung mit dem Höheren Selbst in Form einer Begegnung im Heiligen Höheren Herzen an. Wenn wir vom „Heiligen Höheren Herzen" sprechen, meinen wir das Herz in einer höheren Ebene, in der fünftdimensionalen und noch einer höheren Ebene. In der fünftdimensionalen Frequenz befindet sich auch der Sitz deines Höheren Selbst, das die nächsthöhere Instanz für deinen Weg zurück nach Hause ist. Dieses Höhere Herz ist somit nicht mit dem normalen äußeren Auge sichtbar, aber mit dem inneren Auge kann man es gut sehen, fühlen und auch betreten. Mit der reinen Absicht und dem Gefühl kannst du dieses Gebiet erforschen und erobern. Wir nennen diesen Weg deshalb den „Weiblichen Weg", weil er nicht mit dem Verstand zu gehen ist, sondern mit dem Gefühl.

Ich habe dir in den letzten Kapiteln gezeigt, wie du dein gesamtes Körpersystem mit dem Gefühl erforschen kannst, auch das war der Weibliche Weg. Es geht hier nicht um das Diagnostizieren eines sachlichen Tatbestandes, sondern wir erforschen dein irdisches Sein mit dem weiblichen Sinnesorgan: dem Gefühl. Wir ertasten die Befindlichkeit, spüren, wo alte Prägungen sitzen, und lösen sie mit der Kraft der höheren Wesen oder der Anteile deiner Selbst und letztlich mit der Kraft der höchsten Göttlichen Schöpfung – dem Feld, aus dem alles erschaffen wird – auf.

Nun fragst du vielleicht: „Wie komme ich in mein Heiliges Höheres Herz? Und was kann ich dort tun?" Dieses Höhere Herz ist die Zentrale deines Seins und von hier aus lässt sich das gesamte Universum erobern. Denk an den Tropfen des Ozeans, der du bist. Du kannst diesen Ozean, das Universum, von hier aus erforschen. Hier gibt es keine Grenzen, weil du ihn mit deinem Bewusstsein erforschst. Du kannst das auch mit deinen verschiedenen Körpern tun, indem du sie verlässt und jedes Gebiet der Schöpfung einzeln erkundest. Mit deinem ätherischen Doppel des Körpers erforschst du die astrale Ebene, mit dem Mentalkörper den Mentalbereich und so weiter. Aber wir empfehlen das Reisen mit deinem Bewusstsein, weil das Verlassen des Körpers auf dem altbekannten Weg nicht immer so einfach ist und meist einiger Übung bedarf. Wenigen Menschen fällt es leicht, ihren Körper zu verlassen und sich dessen auch bewusst zu bleiben. Oft gleiten sie in den Traumbereich hinein, in den eigenen Seelengarten, in die Welt des Emotionalkörpers und der astralen Ebene. Und um diesen Weg zu erlernen braucht es wirklich viel Fingerspitzengefühl und Geduld. Bei sehr wenigen Menschen sind die verschiedenen Körper lose verbunden, sodass sie sich leicht lösen.

Wir empfehlen den Weg, mit dem Bewusstsein zu reisen, denn er ist in der heutigen Ära der Erde viel leichter. Du kannst einfach aus dem Heiligen Höheren Herzen heraus mit dem Bewusstsein reisen. Einige Menschen betrachten das sehr skeptisch und meinen, es sei Fantasie. Natürlich hat es teilweise auch mit Imagination zu tun. Aber was ist Fantasie eigentlich? Sie ist deine Vorstellungskraft, deine Schöpferkraft. Denke einen Augenblick darüber nach: Was tust du, wenn du dir etwas vorstellst? (Und das machst du den ganzen Tag.) Was ist das? Du kreierst. In der astralen Welt manifestiert sich jeder Gedanke. Deshalb haben Menschen, die ihren irdischen Körper verlassen, oft großen Schrecken, wenn sie merken, wie sich ihre Angst, die sie vielleicht in diesem Augenblick haben, manifestiert. Dann kommt da tatsächlich das Monster, an das man denkt, um die Ecke.

Wir bieten als Kontakt zum Heiligen Höheren Herzen eine Reise an, die selbstverständlich auch mit Imaginieren zusammenhängt. Dein Heiliges Höheres Herz wird so aussehen, wie du es dir vorstellst. Lass uns das näher beleuchten. Bist du anatomisch sehr interessiert, wird das Herz vielleicht so aussehen, wie du dir ein körperliches Herz vorstellst beziehungsweise wie du es in Lehrbüchern gesehen hast. Wer keine Vorstellung hat, der sieht es vielleicht als herrlichen Raum in einer Kathedrale oder in einem Tempel. Wer sich frei machen kann von Begrenzungen, der findet sich möglicherweise auf einer Blumenwiese wieder oder in einem lichtvollen Tal, von herrlichen Bergen umgeben. Das Heilige Höhere Herz kann also alles sein. Das ist für den menschlichen Verstand schwer nachzuvollziehen. Dieses Herz impliziert eher einen religiösen Platz, nicht wahr? Wir bieten in der inneren Reise, die wir dir gleich vorstellen, ein Herz an, das äußerlich wie ein Herz aussieht ... mit einer Tür, die man öffnen kann. Dahinter hat dann ein jeder die Möglichkeit, das zu finden, was er selbst zulässt. Mit der Zeit kann der Raum sich auch verändern: Vielleicht wird er größer, weiter, hübscher, lichter, oder er verwandelt sich in ein anderes Szenario. Sei offen dafür und denke nicht: „Ach, es ist sicher nur Fantasie, was ich hier erlebe." Du bist ein Schöpfer. Du kreierst dir alles, was du siehst, ob mit dem äußeren oder mit dem inneren Auge. Das macht keinen Unterschied, du bewertest es lediglich so.

Lass mich dir noch Folgendes vermitteln: In deinem Heiligen Höheren Herzen liegt der Schlüssel für alles. Von hier aus kannst du zum Beispiel durch vorhandene oder imaginierte Türen das Universum bereisen. Du kannst durch Türen auch in alte Leben hineingleiten, wenn du es für erforderlich hältst. Du schreibst im Geiste einfach ein Thema auf eine Tür in deinem Herzen und bittest dein Höheres Selbst, es möge dir die zu klärende Situation zeigen. Wenn du zum Beispiel nicht weißt, ob du eine bestimmte Arbeit annehmen sollst, kannst du dir anschauen, wie es wohl sein würde, dort zu arbeiten, indem du die entsprechende Tür öffnest und über die Schwelle in den dahinter liegenden Raum eintrittst. In diesem Fall stünde auf der Tür die Inschrift: „Wie es ist, bei ... zu arbeiten." Wenn du einen Streit hast, könnte auf der Tür stehen: „Wie ich das Problem lösen kann" oder: „Was wäre, wenn ...?" Die Möglichkeiten, in sich und mit sich selbst zu arbeiten und damit auch sich selbst und sein Umfeld zu erforschen, sind unendlich groß. Es gibt nichts, was du hier nicht erforschen könntest. Auf alles gibt es eine Antwort. Hier treffen sich die beiden Seiten der Dualität. Hier sind beide Sichtweisen möglich. Das Heilige Höhere Herz ist aber gleichzeitig auch der Raum der Einheit. Das spürst du, wenn du dich in es zurückziehst. Und das kannst du überall tun, auch in einer kleinen Pause im Büro: Schließe kurz die Augen, sei im Herzen und entspanne dich. Vielleicht hast du dort – in deinem Herzen – einen bequemen Sessel, in dem du zur Ruhe kommst. Vielleicht brennt dort ein Kaminfeuer, so wie du es liebst. Vielleicht liebst du die Klarheit, und es befinden sich lediglich eine Kerze und ein Sitzkissen in dem Raum deines Herzens, die du nutzen kannst, um dich zu entspannen und deine Gedanken loszulassen.

Du könntest dort auch geistig Yoga machen, denn du weißt sicher: Alles, was du im Geiste tust, hat Auswirkungen auf deinen Körper. Ganz einfach ausgedrückt, bedeutet das: Auch geistige Yogaübungen, präzise nachvollzogen, haben die erwünschte Wirkung. Das ist eine neue Art, Sport zu treiben ... ist das nicht wunderbar: Du kannst zu Hause gemütlich im Sessel sitzen, im Heiligen Höheren Herzen Sport treiben und musst dich nicht vom Fleck rühren. Im Herzen ist alles möglich.

Das Heilige Höhere Herz ist der Raum der Stille, den viele Meditierende gern aufsuchen. Hier gibt es keine Zeit, hier befindest du dich in der neutralen Zone und damit auch gleichzeitig in der Nullzone – das ist eine so wichtige Qualität des Schöpfertums. Denn das ist auch der Raum des Kreierens. Erinnere dich: Wir sagten, dass viele Kreationen nicht funktionieren, da du aus der Vergangenheit geprägt bist und es selten schaffst, klar in der Schöpferphase zu sein, weil negierende Gedanken das Feld unentwegt stören. Wenn du ein bestimmtes Projekt deiner Wahl und deines

Die Öffnung des Heiligen Höheren Herzens

Wunsches hier im Raum der Stille und der Nichtzeit in Liebe im Geiste erschaffst, wird es sich ganz sicher manifestieren. Dieses Heilige Höhere Herz ist der Platz deiner Schöpfung. Ich könnte hier seitenlang darüber schreiben, welche Möglichkeiten sich an diesem göttlichen Ort deines Seins für dich auftun, aber ich bin für den praktischen Weg: Probiere aus, wie es ist, im Heiligen Höheren Herzen zu sein. Im Heiligen Höheren Herzen kannst du übrigens auch dein Höheres Selbst und weitere Höhere Selbste treffen. Es ist ein wahrlich heiliger, magischer Ort!

Lass uns nun dein Heiliges Höheres Herz besuchen, lass uns gemeinsam den Weg der Göttin beschreiten. Suche dir für diese erste Begegnung einen bequemen Platz, mach es dir gemütlich. Später kannst du diesen deinen inneren heiligen Ort überall und zu allen Gelegenheiten aufsuchen. Schließe deine Augen und lass vor deinem inneren Auge dein Herz erscheinen. Wähle gern ein irdisches Bild, wie ein Herz, in der Form, wie sich Menschen ein Herz vorstellen, mit diesen Rundungen. Es ist so groß, dass du in es hineingehen kannst. Vielleicht hat es auch eine Farbe, die dir besonders gut gefällt. Viele Menschen bringen Rot als die Farbe mit dem Herzen in Verbindung. Dein Herz darf von außen auch gern lila oder grün sein. Sieh es dir in Ruhe an. Bemerke, wie du nach einer Weile feststellst, dass du selbst in einer anderen Schwingung vor dem Herzen stehst. Du bist als fühlendes Wesen dort präsent. Um dich selbst zu erkennen und zu erspüren, dass du dort in diesem Körper verankert bist, erfühle dich und streiche über diesen Körper. Mir ist dieses Erfühlen so wichtig, weil du diese Reise dann nicht mit dem Kopf machst, sondern mit deinem Gefühl und mit deinem Herzen. Wenn du dich dort gut eingefunden hast und das große Herz vor dir siehst, bemerkst du, dass sich in deinem Herzen eine Tür befindet. Diese Tür öffnet sich jetzt. Schau dir das genau an. Es könnte sein, dass aus deinem Herzen beim ersten Mal oder nach einer besonders starken Transformationsarbeit altes „Zeug" herauskommt, das du nicht mehr brauchst. Sieh bitte genau hin, was aus deinem Herzen jetzt hervorkommt: möglicherweise so etwas wie Müll, alte Gegenstände, Geröll, vielleicht auch Menschen, die du entlassen willst, Themen, Ideen, Ängste, die dich gerade beschäftigen. Sieh genau hin, es ist sehr interessant, welche Symbole sich dir offenbaren. Wenn das wieder versiegt, nähere dich deinem Herzen. Gehe hinein und schau dich um. Der Raum deines Herzens wird sich dir deiner Gemütslage entsprechend offenbaren: Es mag nötig sein, ihn zuerst einmal aufzuräumen, vielleicht ist dort noch Trödel, sind dort Spinnweben oder Ähnliches, die entfernt werden wollen. Wenn das so ist, walte deines Amtes. Vielleicht betrittst du auch einen lichten hellen Raum, der klar und weit ist. Vielleicht ist der Raum deines Herzens aber auch wie eine Wohnstube: klein, gemütlich und einladend. Der Raum deines Heiligen Höheren Herzens wird so sein, wie du ihn brauchst. Weitere Vorgaben mache ich an dieser Stelle nicht. Du hast jetzt die Aufgabe oder besser: die Freude, diesen heiligen Bereich zu erkunden. Wie du dies tust, überlasse ich dir. Bevor wir weiter damit arbeiten, bitte ich dich, in diesen Raum ein paar Mal hineinzugehen, ihn auf dich wirken zu lassen und damit zu experimentieren. Deinen Erfahrungen sind keine Grenzen gesetzt. Probiere einfach aus!*

Unterschätze diese Reise bitte nicht, dazu neigt der Mensch anfangs gern. Das kommt vom Verstand deines Persönlichkeitsselbst, der dir vermitteln will, das sei doch alles entweder Unsinn oder nicht so wichtig oder Ähnliches. Der Weib-

---

* Wer die Reise ins Heilige Höhere Herz gern mit Anleitung antreten möchte: Hier ist Barbaras CD *Ein Kurs in Liebe. Reise in die Goldene Welle, Reise zum Höheren Selbst* (Hans-Nietsch-Verlag, Emmendingen 2011) empfehlenswert.

liche Weg der Erkenntnis, der Heilung, ist nicht kompliziert. Wer männlich kombiniert und sein Leben so beschreitet, erwartet Aufgaben, Begrenzungen und Lösungsvarianten für das Aufbrechen des Herzens, für seine Öffnung. Das entspricht nicht dem Weiblichen Weg, der über das Gefühl, über die Liebe geht, die in dir wohnt. Diese Liebe ist nicht im Außen zu suchen, sie ist dort zwar auch zu finden, aber entdecken muss der Mensch sie erst einmal in sich selbst. Wer in die Liebe sich selbst spürt, beginnt sich selbst zu lieben und sich so anzunehmen, wie er ist. Der erkennt, wer er ist, warum er so ist und wie es wohl weitergehen wird. In diesem Raum des Herzens, der übers Gefühl und die reine Absicht zu erreichen ist, ist alles möglich, das ist das Fantastische daran. Der Mensch braucht nicht die berühmten Berge mit Kraft und Logik zu versetzen. Mit der Liebe des Heiligen Höheren Herzens und dem Gefühl des Einsseins nimmt er alle Hürden mit Leichtigkeit. Dafür muss er nichts tun, außer diesen Weg einfach zu gehen.

Wohlan, probiere aus und experimentiere mit diesem Raum. Suche deine noch nicht erkannten Dramen und Traumata, löse sie auf und erfreue dich deines Lebens. Hier erkennst du das Spiel der Dualität. Hier bist du im Raum der Nichtzeit und lernst, dein Leben anders zu leben, nämlich mit der Einheit. Im Herzen kannst du deine Zukunft leicht erschaffen, weil hier die Prägungen, all deine Muster, nicht wirken. Hier bist du frei. Ist das nicht ein wahrer Segen?

Aus dem Herzen ganzheitliche Heilung kreieren

Der Weg in die ganzheitliche Heilung bedeutet Selbstakzeptanz. Das hört sich einfach an, ist aber oft ein recht beschwerlicher Weg. Du glaubst nicht, wie viele Menschen sich selbst sabotieren. Gehörst du auch zu denen, die sich selbst nicht die nötige Achtung entgegenbringen, sondern lieber auf andere schauen, andere verehren oder auf ein Podest stellen, weil sie so verehrungswürdig erscheinen? Wenn man zurückschaut, besonders in der Entwicklung Europas, so gab es für junge Menschen immer so etwas wie ein Vorbild – sei es, was den Idealpartner anbelangt oder ein Elternteil, das man idealisierte, oder eine ehrwürdige Person im Bereich von Ethik und Moral. Menschen, die sich nach außen vorbildlich verhielten, ehrenhaft erschienen, alle Wege wie von Zauberhand geebnet bekamen und in der Öffentlichkeit glänzten, waren ein Vorbild. Dann gab es noch die Stillen, die bescheiden und demütig wirkten und verehrt wurden, weil diese Eigenschaft vielen Menschen als sehr wichtig erschien, da man sie ihnen von Kindesbeinen an als erstrebenswertes Ideal dargestellt hatte: Der wahre gute Mensch ist bescheiden, zurückhaltend, unauffällig und glänzt durch stille Taten. Nur selten wurden die lauten, mutigen Menschen geehrt, das geschah höchstens in den Bereichen der Eroberung. Dann war der Held, der Blut zum Fließen brachte, geehrt und geachtet, allerdings weniger geliebt, denn dies Gemetzel war, genauer betrachtet, nicht das, wonach man wirklich strebte. Du siehst: Die erstrebenswerten Ideale und Idole waren vielfältig, aber in der heutigen Zeit scheint es solche nicht mehr zu geben. Vielleicht liegt es daran, dass der Mensch, was das äußere Erstrebenswerte anbelangt, entmystifiziert wird? Oder daran, dass die wahren Guten eben ganz normale Menschen sind und dass ein Ideal in jedem von euch steckt? Das ist individuell verschieden. Es scheint so zu sein, dass es den „guten Menschen" einfach nicht mehr gibt: Die dargestellten Tugenden und diejenigen, die an Menschen entdeckt werden, erscheinen gemeinsam mit negativen Eigenschaften. So mag Folgendes geschehen sein: Ein guter Politiker, der mit Menschen umgehen konnte und große Neuerungen eingeleitet hatte, hatte seinen Titel nicht ehrenhaft erworben und das war ans Licht gekommen und hatte ein ganzes Land in eine Spaltung gebracht: Ist das, was der Betreffende erwirkt hat, nun „gut" oder „schlecht"? Darf jemand, der in der Öffentlichkeit steht, Schwächen haben?

Es sei an dieser Stelle noch kurz ein Blick auf die vielen Stars der Film- und Fernsehbranche geworfen: Wie muss oder soll so ein Idol sein? Was muss der Betreffende verkörpern, um anerkannt zu sein? Wie viele Schnitzer verzeihen die Fans ihrem Idol? Und in der Zeit, in der der Mensch gläsern geworden ist, in der sowohl die Daten des einzelnen Menschen als auch sein Handeln der Öffentlichkeit zugänglich sind, kann ein Mensch seine Maske nicht lange aufbehalten. Schnell wird aus einem sehr dünnen Model eine Bulimiepatientin, der propere Teenagerstar ist drogenabhängig, die alternde Filmdiva eine Alkoholikerin und das junge Fernsehidol hat sich die ersten Falten wegoperieren lassen.

In dem Leben der Menschen, die in der Öffentlichkeit stehen, zeigen sich also sehr klar die beiden Seiten der Dualität. Makellose Idole, die früher für so wichtig gehalten wurden, verlieren ihren Glanz ... es gibt sie nicht mehr. Sie waren wohl meistens künstlich aufgebaut, was meinst du?

Wenn du tief in dich hineinfühlst, dann sind deine wahren Helden, die tatsächlich verehrungswürdig sind, diejenigen, die menschliche Schwächen offen zeigen, die viele

Höhen und Tiefen durchlitten, immer wieder aufstanden und weitergingen, nicht wahr? Und die auch zu dem stehen, was sie taten, und nicht nur den Schein wahren wollen.

Das Ideal deines Leben sieht dich aus dem Spiegel an: Das bist du selbst. Immer wieder sage ich dir: Du bist deines Glückes Schmied. Nur du kannst dich heilen, nur du kannst deinen Weg bestimmen, sonst niemand. Alle äußeren Bilder, Vorbilder, Ideale und Idole sollten für dich nichts sein, was du anstreben willst. Du bist du, niemand ist wie du. Nur du bist wichtig für dich selbst. Wenn das alle Menschen tief in ihrem Herzen wissen und leben würden, gäbe es keine künstlich erzeugte äußere Welt, die den Menschen angeboten wird. Alle äußeren Dinge und Lebensformen sind eine Hülle. Alles, was der Mensch konsumiert, trägt zu einem Scheinbild bei. Schau dir die jungen Menschen an, die sich in ihrem Leben an äußeren Angeboten orientieren, durch sie ihr Leben formen und sich danach richten, wie man zu sein hat. Doch immer mehr Jugendliche durchschauen das, haben eine ganz natürliche Abwehr und hören auf ihre eigenen Bedürfnisse. Das kann sogar im Elternhaus zu Missverständnissen führen, weil die Eltern ein ganz anderes Familienbild vorleben als das, was der Jugendliche leben möchte. Das, was man als „Nestwärme, Geborgenheit, Verständnis und als die Möglichkeit der eigenen Entfaltung" beschreibt, kommt meist zu kurz. Die vielen Medien bestimmen das Familienleben, zum wahren Kern, zur Herzensverbindung, hat man oft keinen Zugang mehr. Man lebt so, wie es als Idealfamilie angepriesen wird. Die Individualität tritt in den Hintergrund, es wird nach einem „Massenbild" gelebt.

Wie sieht das bei dir aus? Wie ist es in deiner Familie? Ich spreche hier nicht nur von Jugendlichen, besonders die Älteren unter euch haben sich in ihrem Leben gut und gemütlich eingerichtet, wie es scheint. Dieses bequeme Leben aufzugeben ist für die meisten nicht einfach, denn es vermittelt das Gefühl, nicht dabei zu sein. Vielleicht taucht dann sogar die Frage auf: „Ja, was mache ich denn dann? Womit verbringe ich mein irdisches Sein, wenn viele Dinge Illusion und gar nicht wichtig sind? Wonach richte ich mein Leben aus?"

Es läuft immer wieder darauf hinaus, zu schauen, was einem dieses Leben wirklich sagen will. „Warum bin ich hier?", solltest du fragen. „Was will ich wirklich in diesem Leben erreichen? Was ist mein Ziel? Welcher Weg führt mich zum Ziel? Gehe ich ihn mit einer Familie, mit Bekanntschaften, mit starken geschäftlichen Verbindungen und Aktivitäten? Gestalte ich mein Leben autark, für mich, so wie ich es für richtig halte? Tue ich anderen weh, wenn ich mich so verhalte, wie ich es wirklich will? Was geschieht mit meinen Angehörigen, wenn ich mein wahres Leben, das in meinen Grundstrukturen angelegt ist, wirklich lebe?" Ich beschreibe die Situation hier etwas ausführlicher, weil sie das Kernthema der heutigen Zeit darstellt. Viele Menschen stellen sich diese oder ähnliche Fragen. Aber oft werden sie beiseitegeschoben, weil es unangenehm ist, wirklich hinzuschauen und dann zu agieren und etwas zu verändern. Die meisten Dinge, die man verändern will, reißen dich aus deiner Bequemlichkeit, deiner Komfortzone. Es gibt wenige Menschen, die Neuerungen ganz offen und frei, spontan, gut gelaunt und enthusiastisch umsetzen. Das Neue ins Leben zu rufen ist bei den meisten Menschen mit Unsicherheit verbunden. Man traut sich nicht, ins Unsichere zu springen. Das verursacht Angst.

Damit sind wir beim Hauptthema, der Heilung. „Heilung" heißt: aus der Angst herausgehen. Heilung heißt, die Angst vor dem Leben an sich zu sehen und diese Angst loszulassen. Wer sich wirklich mit seinem Leben befasst, gelangt zum Kern seiner Lebensaufgabe: „Warum bin ich hier?" Wir können das nicht oft genug sagen. Du solltest tief in dich hineinschauen, um herauszufinden, was deine Aufgabe jetzt hier ist. Und wie schon oft gesagt, ist es meist ganz einfach: Es geht darum, dass du bist, was du wirklich bist. Das heißt, du bist ein Teil des größeren Göttlichen Ganzen, das jetzt hier und heute in diesem Augenblick die Führung übernehmen möchte. Das heißt nicht, dass du alles abwerfen und nichts mehr tun sollst, sondern es meint, dass du diese zarte Stimme in dir hören solltest, die dir nun den Weg weisen will. Es geht darum, dein Leben jetzt in Abstimmung mit deinem Höheren Sein zu ordnen und neu auszurichten. Das kann ganz einfach sein oder aber auch etwas komplizierter und langwieriger. Wir sagen immer wieder, dass es mit Vertrauen zu tun hat, wie dieser neue Weg sich dann gestaltet. Wenn du dir vertraust – und natürlich meine ich damit auch deinem Höheren Selbst – könntest du dich eigentlich entspannt zurücklehnen und abwarten, was sich dir offenbaren wird. Dein Höheres Selbst kann mit dir geistig kommunizieren, das ist Telepathie, oder mit dir durch Intuition in Kontakt treten. Deine große Aufgabe ist jetzt, dich entspannt zurückzulehnen, dein Herz zu öffnen und zu sagen:

„Liebes Höheres Selbst, öffne mein Herz immer mehr, und lass mich wissen, was ich wissen soll."

Heilung geschieht mit dir durch dich selbst. Wenn wir sagen, eine Krankheit, ein Unwohlsein und andere Blockaden kommen aus dem Geistigen zu dir und manifestieren sich auf der körperlichen Ebene, dann meinen wir damit auch, dass du all das von der körperlichen Ebene aus durch deinen höheren Geist wieder löschen kannst. Doch wir meinen damit nicht, dass du das mit dem Ego, mit deinem Persönlichkeitsselbst tun solltest. Denn das Ego wird dir immer das empfehlen, was irdisch, verstandesmäßig verständlich ist, aber keine tief greifenden Veränderungen in deinem Vierkörpersystem mit sich bringt. Heilung erfolgt in Zusammenarbeit mit deinem Höheren Selbst und vielleicht auch mit deinen weiteren höheren Anteilen oder durch andere hohe geistige Wesen. Vielleicht auch dann, wenn du in einen Zeitzyklus gekommen bist, in dem dein irdischer Dienst und möglicherweise auch eine besondere Funktion angetreten werden soll. Damit will ich sagen, dass auch bei einer sogenannten schweren Krankheit in Zusammenarbeit mit dem Höheren Selbst in wichtigen Zeitfenstern, wenn es gewollt ist, Heilung geschehen kann. Sie kann sich sofort ereignen, innerhalb von ein paar Sekunden, Minuten oder Stunden. Das ist unvorstellbar, nicht wahr? Zumindest für die Menschen, denen es schwer fällt, zu vertrauen. Glaube mir, dass dein Höheres Selbst und natürlich auch andere höhere geistige Wesen in Absprache mit deiner Höheren Instanz Sofortheilungen einleiten können. Doch meist suchst du dir, auch in Verbindung mit deinem Höheren Selbst, einen anderen Weg aus. Denn stell dir vor: Die meisten Menschen sind bisher nicht bereit für eine solch schnelle Heilung. Die Umstände erfordern oft einen längeren Weg.

Nehmen wir ein Beispiel: Stell dir vor, eine Familie hat sich mit der Krankheit eines Angehörigen sehr intensiv befasst und dabei eigene Themen hervorgeholt. Und vielleicht haben sich die Beteiligten sogar ganz auf dieses Leben mit der Krankheit eingestellt und sehen sich nun plötzlich mit einer neuen Tatsache konfrontiert: Das kranke Familienmitglied ist gesund, sofort, jetzt, gleich und braucht weder Hilfe noch Aufopferung. Meinst du nicht auch, dass die Familienmitglieder das vielfach nicht verkraften und damit vielleicht auch in tiefe Seinskrisen gestürzt werden können, weil sie nun viel Althergebrachtes – auch ihr Wissen über Heilung – infrage stellen müssen. Nicht jeder Mensch ist so weit erwacht, dass er dies verstehen und verarbeiten kann.

Es ist schon alles wunderbar eingerichtet und zum Wohle aller, wenn der ganz gewöhnliche Heilungsprozess eines Menschen, der erwacht ist, stattfindet. Er wird immer so sein, wie es für den Patienten und für sein Umfeld richtig ist. Wenn eine neue Heilform, die mit der hohen Göttlichen Energie und mit dem Universellen Feld zu tun hat, demonstriert werden soll, dann setzen oft Heilerfolge ein, auch weil sie das Vertrauen und die Hoffnung der Zuhörer in die eigene Heilungskraft stärken sollen.

Du siehst also, alles steht in Verbindung mit dem Göttlichen Feld, deinen höheren Anteilen – so wie es gut für dich ist. Das bedeutet aber nicht, wie schon erwähnt, dass du in deinem weiteren Leben tatenlos bleiben sollst. Es ist gut, dich mit den höheren Instanzen zu verbinden, das fördert deine Verlichtung und hilft vor allem, die folgende Frage zu beantworten: „Was hindert mich in meinem Leben daran, heil zu sein?"

Nun möchte ich dir einen einfachen Weg der Heilung vorstellen. Er ist manchmal sehr schnell, manchmal durch Umstände, wie eben erwähnt, etwas langwieriger, aber, auf Dauer gesehen, sehr effizient. Lass mich noch kurz erwähnen, dass natürlich einige Krankheitsbilder, die den Aufstieg unterstützen, zum heutigen Transformationsprozess dazugehören. Sie sind sozusagen „Attribute der Verlichtung" und gehen meist mit Symptomen wie Schnupfen, Grippe, einem Darmvirus und Ähnlichem einher. Denn wer schon immer bestimmte Schwachstellen im Körpersystem hatte, der wird sie vielleicht in dieser kraftvollen Transformationszeit verstärkt erfahren. Wer zum Beispiel öfter Schwierigkeiten mit den Nasennebenhöhlen, den Kieferhöhlen, dem Kiefer hatte, wird möglicherweise noch mehr Sorgen damit haben. Wer öfter mit dem Darm, dem Verarbeiten von Nahrung und solchen Themen zu tun hat, der erfährt das sicher jetzt noch häufiger oder intensiver.

Das Arbeiten im Heiligen Höheren Herzen ist Heilarbeit. Was immer du auch tust, es bewirkt eine Klärung deines Seins. Nehmen wir an, du hast oft mit Kopfschmerzen zu tun, dann empfehle ich zum Beispiel einen Besuch in deinem Herzen. Mach es dir dort bequem, entspanne dich und bitte im Geiste um eine Erklärung für deine Kopfschmerzen. Sei offen für Inspirationen. Und das, was dann geschieht, kann unterschiedlich sein, so wie es für dich gut ist. Vielleicht hörst du eine innere Stimme, die dir erklärt, woher der Schmerz kommt, und möglicherweise auch gleich, was du tun kannst. Vielleicht gehst du in eine Situation hinein, in der du Kopfschmerzen bekommst oder in der sie sich dir erklären können. Oder du bemerkst, wie die Schmerzen weniger werden, weil du aus einer tiefen Anspannung gehoben wurdest, die übrigens nicht unbedingt etwas mit dir persönlich zu tun haben muss. Es kann gerade etwas Intensives mit dem Kollektiv, mit der Menschheit und der Erde geschehen, das du spürst und auf das du mit Anspannung reagierst. Sich im Heiligen Höheren Herzen aufzuhalten garantiert viele Einsichten, kann Krankheitssymptome erklären und sogar auflösen. Das hängt, wie schon beschrieben, mit dem von dir eingeschlagenen Weg zusammen. Lass mich dir auch Folgendes sagen: Wenn du in kraftvollen persönlichen Prozessen bist, in einer tief greifenden Transformationsphase, helfen Medikamente bei starken Unpässlichkeiten oft nicht. Dann können auch homöopathische Mittel manchmal nicht greifen, denn die Transformation findet auf einer höheren Ebene statt, wo diese Essenzen nicht wirken. Manchmal wirken sie dann sogar eher kontraproduktiv. Du musst in deinem Heiligen Höheren Herzen spüren und erforschen, was dir wirklich hilft. Meist wird es auf Ruhe hinauslaufen und darauf, dir Gutes zu tun. Das kann auf der körperlichen und auf der äußeren Ebene geschehen: ein heißes Bad, ein Spaziergang, der Genuss eines leckeren Stücks

Torte oder ein Treffen mit einem Menschen, der dir nahesteht und mit dem du viel lachst. Lachen löst Verspannungen, öffnet Blockaden und tut auch der Verlichtung des Körpers sehr gut.

Das Verweilen im Heiligen Höheren Herzen entspricht einem tief greifenden Heilungsprozess, der sich schwer in Worte fassen lässt, du musst die Erfahrung selbst machen. Es ist interdimensionale Heilung: Deine irdischen Erfahrungen werden gelockert, gelöst, transformiert, vielleicht sogar in Verbindung mit anderen Leben – auch jenen, die nicht auf der Erde stattfanden. Du kommst immer tiefer in die Loslösung von alten Strukturen hinein. Die damit verbundenen körperlichen Symptome lassen sich oft nicht irdisch diagnostizieren. Verlass dich auf deine Impulse. Tu, was zu tun ist, und vertraue, dass die höchsten Ebenen des Seins zu deinem Wohle in deinem heiligen Raum des Herzens agieren, interdimensional eben.

Die Goldene Welle der Heilung

Hast du den Weg in dein Heiliges Höheres Herz gefunden und ein bisschen genossen, tief in dir und deinem Universum zu sein? Gut, dann bist du sicher bereit, einen Schritt weiter zu gehen in der Königsdisziplin der Heilung. Lass mich dir noch erklären, was ich damit meine. Erinnern wir uns noch einmal an das Kapitel „Die Öffnung des Heiligen Höheren Herzens". Wer mit seinem Heiligen Höheren Herzen experimentiert, wird die verrücktesten Sachen erleben. Man kann es kaum in Worte fassen. In deinem Heiligen Höheren Herzen ist der Urpunkt der Schöpfung. In diesem Raum befindet sich die Quelle von Allem-was-ist. Das kannst du dir sicher nicht recht vorstellen? Du fragst vielleicht nach: „In meinem Herzen soll die Schöpfung, die ganzheitliche hohe Schöpfung, soll GOTT sein?" Ja, so ist es. Bei jedem Menschen auf diesem Planeten Erde liegt in diesem heiligen Raum der Ausgangspunkt der Schöpfung. Wenn du mich jetzt fragst: „Wo genau liegt denn der Punkt?", muss ich lachen, weil du gerade wie ein Mensch denkst! Ich möchte dich bitten, das Terrain des Heiligen Höheren Herzens selbst zu entdecken und alles auszuprobieren. Ich möchte dies hier nochmals ganz deutlich sagen: Du bist ein Teil von Gott, der auszog, irdische Erfahrungen zu machen. Dein Körpersystem ist von sehr hohen Wesenheiten erschaffen. Die Verbindung zu ihnen ist nie abgerissen. Du bist mit ihnen und der Zentrale allen Seins in einem besonderen Bereich des Heiligen Höheren Herzens verbunden. Dieser Bereich, dieses Terrain, musst du selbst finden und erkunden. Es ist nicht unbedingt ein Platz oder ein Punkt, es ist eine Zone, ein Schwingungsbereich. Um diesen Bereich zu finden und ihn zu erspüren, dazu haben die

Menschen, die sich früher auf den Weg in die Meisterschaft machten, sehr lange gebraucht. Heute ist der Weg leichter, wir reichen dir die Hände, um dir zu helfen, dich zu erweitern und in deinen eigenen Schöpferkreis zu gelangen. Aber den Weg musst schon du selbst gehen. Du musst beginnen, mit deinem Herzen zu experimentieren. Dort ist eine hohe Energie und bestimmte Bereiche haben eine besondere Energie. Das ist wie mit den Kraftplätzen auf der Erde: Sie sind nicht überall, sondern an ganz bestimmten Punkten, an denen sich die Erdmeridiane und die Verbindungspunkte der verschiedenen Gitternetze der Erde kreuzen. Da du auch ein magnetisches Feld beziehungsweise mehrere magnetische Felder bist – ein magnetisches Hologramm also –, gibt es bei dir auch bestimmte Punkte am physischen Körper und im gesamten Körpersystem, die besonders sensibel und hochschwingend und wie ein Tor in höhere Dimensionen sind. Ein Punkt im Nacken in der kleinen Kuhle und eine kleine Zone in deinem linken Achselbereich sind solche Bereiche. In beiden Armbeugen gibt es kleine Verbindungspunkte zu den höheren Ebenen. Und: In deinem Heiligen Höheren Herzen gibt es einen ganz bestimmten Bereich, der am höchstschwingendsten ist. Er ist das Portal zu allen höheren Ebenen. Hier ist der Ort des Übergangs in alle Dimensionen und Paralleluniversen. Wenn du diesen Bereich erfühlt hast – er ist nicht zu übersehen –, bist du im Bereich von Allem-was-ist und dort ist alles möglich. Es ist der Platz zum Experimentieren. Was möchtest du kennenlernen? Wohin möchtest du reisen? Wen möchtest du näher kennenlernen? Sanat Kumara vielleicht oder ein Wesen dieses Sonnensystems vom Rat der Zwölf? Möchtest du den Hüter der Erde kennenlernen, ein Wesen, das im Inneren der Erde lebt? Möchtest du vielleicht die Venus bereisen? Möchtest du in deine Vergangenheit schauen? Möchtest du wissen, wie es der Erde 2030 gehen, wie es auf ihr dann aussehen wird? Alles ist möglich in diesem sehr heiligen Bereich deines Herzens. Du bist dort an einem universellen Punkt angekommen, der dich das erkennen und fühlen lässt, was du wirklich bist: ein multidimensionales Lichtwesen.

Ich beleuchtete diesen Bereich des Heiligen Höheren Herzens hier nochmals so deutlich und ausführlich, weil er die Verbindung zu der Goldenen Welle darstellt, die ich jetzt beschreiben möchte.

Ein Besuch auf und in der Goldenen Welle ist der leichte Weg der Königsdisziplin. Es ist die Möglichkeit, ganz einfach in Kontakt mit dem Göttlichen Feld der Schöpfung zu treten. Dieses Feld ist die Schwingung, die jeder Mensch auf der Erde jetzt fühlen kann. Es ist ein Teil der Göttlichen Urschwingung und so stark, wie ihr es jetzt in dieser Zeit durch die Veränderung des Magnetgitters erreichen könnt und vertragt. Es ist die hohe Energie, die jetzt auf den Planeten strömt und die gleichzeitig ein Teil des Universellen Netzes von Allem-was-ist ist. Wir wollen die nähere physikalische Erklärung dieser Energie den Quanten- und Biophysikern überlassen. Darüber gibt es jetzt schon wunderbare Bücher. Es soll hier genügen, zu sagen, dass die Erde eine lange Zeit in ihrem eigenen Spielfeld eingeschlossen war und hohe Energien nur an bestimmten Plätzen und auch nur zu bestimmten Zeiten für Menschen spürbar waren. Die Eingeweihten und Neophyten aller Mysterienschulen – von denen du sicher auch einer warst –, lernten es, so mit der hohen Göttlichen Energie, die normalerweise nicht auf der Erde zu spüren war, zu experimentieren.

Wir empfehlen den Weiblichen Weg, das ist der Weg des Vertrauens und des Fühlens. Fühle jetzt in dich hinein und du wirst in diesem Augenblick wissen, dass Kryon die Wahrheit vermittelt. Die Neue Energie, von der so oft gesprochen wird, ist die Energie, die jetzt auf die Erde strömt, die vielen

Menschen Sorgen und Verwirrung bereitet, die aber gleichzeitig vielfach auch für die wunderbaren Veränderungen verantwortlich ist oder sie zumindest einleitet. Diese Energie, die ich „Goldene Welle" nenne, kannst du mit deiner reinen Absicht gezielt einsetzen, um dich zu laben, dich zu klären, dich in die Heilung zu bringen.

Es gibt die Menschen, die die Aufgabe übernommen haben, jetzt verschiedene, ich will es „Heilweisen" nennen, auf der Erde anzubieten und somit zu verankern. Die Heilweisen tragen unterschiedlichste Namen wie „Rückverbindung", „Quantenheilung" und vieles mehr. Ich gebe dieser Energie den einheitlichen Namen „Goldene Welle", weil die Energie sich tatsächlich in Wellenform bewegt und meist auch so für die Menschen spürbar ist. Den Begriff „golden" wählte ich, weil Gold für die Menschen das hochgeschätzte Metall ist, das gern getragen wird, um sich zu veredeln. Das Veredeln geschieht heute allerdings mehr äußerlich. In alten Zeiten wusste man um die Qualität des reinen Goldes. Allein deshalb kamen Außerirdische hierher auf diesen Planeten, um es abzubauen und ihren Planeten mit dieser reinsten Form des Goldes zu stabilisieren. Es gibt viele Qualitäten des reinen Goldes. Das wussten schon die Atlanter und benutzten es als äußerlich anzuwendende Körperstimulans, als Essensbeigabe, als Medikament, in Schmuckform als Stabilisator und vieles mehr. Eine Welle, die golden ist, vermittelt, so meine ich, etwas ganz Edles, Kostbares, etwas, was man unbedingt haben möchte. Ist diese hohe, wundervolle Neue Energie nicht etwas ganz Besonderes, etwas Himmlisches im wahrsten Sinne des Wortes?

Die Übungen, die wir dir für den Besuch in deinem Heiligen Höheren Herzen anboten, möchten wir dir jetzt für die Goldene Welle anbieten. Doch etwas wird dich besonders erfreuen: Es ist sehr viel einfacher, in die Goldene Welle zu kommen, als einen Besuch im Herzen zu machen. Du musst nichts tun, um in den Genuss der Goldenen Welle zu kommen. Es bedarf lediglich eines gemütlichen Platzes zum Liegen und deiner reinen Absicht.

Die Goldene Welle stellt eine Verbindung zum Göttlichen Einheitsfeld dar. Dieses Feld bietet die Möglichkeit, sich wieder in die Urblaupause des Vierkörpersystems einzufügen. Was immer dich auch bewegt, was dir wehtut, was dich behindert: Die Goldene Welle ist die Möglichkeit, es auszugleichen. Wenn du dich in die Goldene Welle hineinlegst, beginnt sie, dein System zu durchströmen, und gleicht dort aus, was ausgeglichen werden muss. Sie bringt die Energie in die Bereiche deines Systems, in denen du einen Mangel an Energie hast. Die Goldene Welle kann Heilung auf der ganzheitlichen Ebene bringen. Was die Goldene Welle nicht vermag, ist, dir das Heilversprechen zu geben, dass du sofort gesundest. Es kann sein, dass es so ist. Es kann aber auch sein, dass du für eine Heilung noch nicht bereit bist, dass irgendetwas dich noch daran hindert, gesund werden zu wollen. Es mag sein, dass auch eine medizinische Behandlung – eine Operation oder leichte Korrektur jeglicher Art – vorgenommen werden muss. Vielleicht ist das aber auch nicht nötig.

Ich will damit sagen, dass ich, Kryon, keine Garantie für eine Heilung übernehme. Das Göttliche Feld ist allwissend und kann alles. Wenn es für dich der richtige Zeitpunkt ist, kann jegliches Unwohlsein, jede Krankheit und jede seelische Unpässlichkeit dein System verlassen. Wenn du noch nicht so weit bist, wird es vielleicht etwas in Gang setzen, was sich nicht sofort auf der körperlichen Ebene manifestiert, aber trotzdem den Weg in die Heilung eingeleitet hat. Auch bei der Goldenen Welle braucht der Mensch Vertrauen, dass eingeleitet wird, was wirklich wichtig ist, aber vielleicht auf der menschlichen Ebene vom Ego nicht anerkannt wird, und vielleicht Geduld. Einen kleinen Widerstand haben viele

Menschen bezüglich dieser Göttlichen Heilung möglicherweise auch noch: Durch die vielen gespeicherten Erfahrungen und Geschehnisse scheint es schier unvorstellbar, dass Heilung so einfach geschehen kann. Es muss doch viel komplizierter sein, viel mehr Aufwand muss geschehen und man muss wissen, was wie geschieht, oder? Das ist natürlich auch ein Werkzeug des Egos. Das Ego möchte genau wissen, wie so etwas funktioniert, und es möchte alles bis ins kleinste Detail verstehen, um dann vielleicht ins Vertrauen zu gehen. Die meisten späteren, äußerlich sichtbaren Heilungen dauern deshalb so lange, weil der Mensch nicht (gleich) gesund sein möchte. Vielleicht hat das mit Machtspielchen, Ungeliebt-Sein, Aufmerksamkeit-Bekommen zu tun. Oder es ist ein wirtschaftlicher Vorteil zu erwarten, der nur eintritt, wenn man krank ist. Schau tief in dich hinein, und erkenne, warum du im Laufe deines Lebens möglicherweise sogar gern krank warst: Welche Vorteile hatte es für dich, krank zu sein? War es angenehm, umsorgt zu werden? Konntest du vielleicht mit dem Kranksein etwas durchsetzen, das vorher nicht gegangen wäre? Hast du tiefe Einsichten mit und durch die Krankheit gehabt? All das gilt es zu bedenken bei der Suche nach Heilung.

Lass dich auf das Experiment „Goldene Welle" einfach ein. Erwarte nichts, sei offen und vertraue, dass all das, was geschehen soll, geschieht. Wenn du deinen Kopf bei deinem Kontakt auch ausschalten könntest, wäre das wunderbar.

Hast du Lust auf eine Reise in die Goldene Welle?

Suche dir ein bequemes Plätzchen auf dem Sofa, auf dem Boden oder dem Bett. Möglicherweise hast du auch eine Behandlungsliege, wenn du selbst therapeutisch arbeitest. Decke dich zu und mache es dir bequem. Atme ein paar Mal tief durch, um dich zu entspannen. Denke nun an die Goldene Welle. Wie du dir die vorstellst, bleibt dir selbst überlassen. Viel-

leicht magst du dir vorstellen, dass du auf einer Welle surfst. Möglicherweise stehst du am Meeresufer und schreitest langsam in die Welle hinein oder du springst in eine Welle hinein. Ich kenne Menschen, die sich die Welle als große Wolke vorstellen, auf der sie liegen und sich treiben lassen. Vielleicht magst du dir auch etwas ganz anders vorstellen, zum Beispiel, wie dich ein hohes geistiges Wesen in seinen Armen sanft hin und her wiegt. Oder du hast eine Vorstellung vom höchsten Schöpfer und bist in seinem Feld oder in seiner Nähe und fühlst dabei starke Energiewellen. Was immer du dir vorstellst, ist gut. Du solltest diese Vorstellung nur kurz benutzen. Lass die Vorstellung oder das Bild dann los und lass geschehen, was geschehen soll.

Auch das ist vielfältig, also individuell unterschiedlich.

Menschen berichten von ihren Erfahrungen mit der Goldenen Welle sehr unterschiedlich: Manche erzählen, dass sie plötzlich ganz weit weg gewesen seien. Sie seien eingeschlafen und erst am Ende der Behandlung wieder aufgewacht. Einige berichten von hohen Energiewellen, die durch ihren Körper gerauscht seien. Andere haben ein Gefühl, als ob der Körper sich ausdehne und ganz groß und weit werde. Wieder andere fühlen sich angehoben und getragen, fast schwebend. Viele sprechen von Energieschüben an Stellen des Körpers, an denen ein Krankheitssymptom ist. Vielleicht stellst du fest, dass an deiner Wirbelsäule gearbeitet wird, an deinem Nacken, am Kopf und/oder an deinen Beinen. Oder du bemerkst, wie Körperteile oder -stellen plötzlich zucken. Es gibt unendlich viele Möglichkeiten, wie sich die Goldene Welle ausdrücken kann und wie du sie empfindest. Lass diese Behandlung, die Begegnung mit der Goldenen Welle, die Aktivierung deiner Selbstheilungskräfte, einfach geschehen. Möglicherweise bist du plötzlich in einer großen Stille ... auf dieser Ebene, von der viele Meditierende berichten. Wenn dem so ist, genieße es. Vielleicht hast du auch Kontakt mit einer geistigen Wesenheit, die dir Ratschläge gibt, was du noch beachten solltest. Das kommt aber eher seltener vor. Die meisten Menschen berichten von einem Gefühl des Getragenseins, von einem Wohlgefühl. Viele berichten auch, ein großes Liebesgefühl habe sich in ihrem Herzen ausgebreitet. Es würde den Rahmen dieses Kapitels sprengen, wollte ich alle Erfahrungen beschreiben, die hier möglich sind.

Vielleicht stehst du irgendwann auf und bemerkst, dass es dir gut geht. Ein Schmerz, ein Unwohlsein oder eine Sorge sind fort. Einfach weg.

Bei einem solchen Kontakt mit der Goldenen Welle ist es wichtig, nicht mit dem Kopf zu bewerten. Versuche auch nicht, diese Energie zu manipulieren, indem du sie unbedingt zu dem Teil deines Körpers lenken möchtest, von dem *du* meinst, dass sie dort gebraucht wird. Lass sie einfach das tun, was zu tun ist. Du wirst es nicht ergründen können, denn diese Erkenntnisse liegen nicht im Egobereich. Du bemerkst sicher, worauf ich hinauswill? Es gehört Vertrauen dazu, wenn man die Goldene Welle besucht und Heilung durch sie erfahren möchte. Du bist es möglicherweise gewohnt, körperliche Therapien zu steuern, zu dosieren. Hier ist das nicht möglich, die Goldene Welle weiß, was zu tun ist.

Ich wünsche dir viel Freude mit dieser wunderbaren Königsdisziplin. Lass dich überraschen. Du fragst mich nun vielleicht noch: „Wie oft darf/soll ich die Goldene Welle besuchen?" Immer, jederzeit und auch überall. Ich empfehle dir, dich hinzulegen, wenn du in sie eintauchst. Aber wenn's nicht anders geht, kannst du es auch im Sitzen ausprobieren. Ich möchte dich außerdem ermutigen, mit ihr zu experimentieren ... sei dabei spielerisch, leicht und voller Vertrauen. Hab Spaß, das Ganze ist nichts Dramatisches, nichts

Ernstes. Es ist der Besuch im schöpferischen Feld, es ist der Besuch in deinem Zuhause. Hab Spaß und Freude dabei. Der Gabentisch ist für dich vorbereitet.

Übrigens: Dieser Königsweg ist eine Gabe der Göttlichen Mutter!

Channeln (lernen), das Werkzeug der Verlichtung

Wie fühlt es sich an, tief in deinem Herzen und der Goldenen Welle verankert zu sein? Das ist eine wunderbare Möglichkeit, sich kennenzulernen, findest du nicht auch? Ich plädiere für das Erkunden der eigenen Seinsebenen. Der Verstand wird das nicht so recht mögen, weil er es nicht einordnen kann. Es könnte auch sein, dass es deinem Persönlichkeitsselbst Angst bereitet, in so einer Schwingung zu sein, in der es still ist und es nicht zum Zuge kommt. Denn wenn du tief mit deinem Herzen verbunden bist, wenn du dort deine Reisen in tiefere Ebenen oder andere Welten unternimmst und wenn du deine neuen intensiven Begegnungen hast, ist dein Ego ausgeschlossen. Hast du es bemerkt? Du wirst allerdings auch feststellen, dass es sich zwischendurch doch mal rührt, im Sinne von kleinen Bemerkungen wie zum Beispiel: „Wenn das mal alles stimmt, was ich jetzt hier sehe" oder: „Die Botschaften, die ich bekomme, sind sicher nicht aus höheren Ebenen, die gebe ich mir selbst". Das Ego will dir vermitteln, dass all das Erfahrene unwirklich ist, und es wird dich möglicherweise auch daran hindern wollen, die Goldene Welle oder das Heilige Höhere Herz zu besuchen, indem es dir sagt, es gebe „Wichtigeres" zu tun. Alles, was nicht vom ihm selbst gesteuert ist, lehnt das Ego ab, oder es versucht, das zu sabotieren. Wenn du dich aufmerksam beobachtest, wirst du das feststellen. Nimm es mit Humor, wie alles, was jetzt mit dir geschieht und was deinen Weg kreuzt. Humor ist das erste aller Werkzeuge für diese neue Zeit, denn mit Humor geht alles besser. Es ist quasi das Antidot bei allen Arten von Sorgen und Schwierigkeiten, die die Würze der Dualität zu sein scheinen.

Channeln (lernen)

Ich möchte dir nun eine Möglichkeit geben, dich mit uns ein bisschen enger zu verbinden. Das eine Werkzeug dafür ist das Visualisieren, das andere ist das Kommunizieren. Vielleicht hast du schon Versuche in diese Richtung mit anderen Büchern, Kursen oder Ähnlichem unternommen? Wir möchten dir vermitteln, dass die hohe Energie, von der wir hier sprechen, eine wunderbare Unterstützung für den Kontakt mit uns ist.

Hast du Lust auf ein Experiment? Wir tun jetzt einmal so, als wären wir auf einem Seminar, das Barbara und ich geben. Du sitzt als Gast auf einem Stuhl, lauschst ihrer Stimme und spürst die Energie, die sie transportiert (denn das ist ihre Hauptaufgabe bei einem Seminar). Sie gibt zwar Botschaften von uns weiter, aber das Wichtige dieser Zusammenkunft ist die Energie, die sie aus ihrem Höheren Herzen und durch ihre Stimme weitergibt. Nehmen wir also an, du sitzt dort auf dem Stuhl, lauschst ihren Worten und spürst die Energie, die jetzt in dich hineinströmt. Du magst dich wundern – und dein Ego wird dies nicht akzeptieren –, aber es ist tatsächlich möglich, dieses Buch zu lesen und gleichzeitig dort auf dem Seminar zu sein. Du bewegst dich lediglich in der Zeit. Du begibst dich mit einem deiner höheren Körper zu diesem Seminar, das vielleicht schon stattfand, möglicherweise in München, Hamburg, auf Amrum oder am Mount Shasta. Oder es wird bald stattfinden auf Lesbos, Bali oder in München. Das ist nicht von Wichtigkeit. Die Energie ist zeitlos, immer da und hilft dir *jetzt*, in diese Kraft, in dieses Feld, hineinzukommen. Fühle in dich hinein. Kannst du die Energie spüren? Wir leiten dort auf dem Seminar gerade eine innere Reise, und dafür werden dein Kronenchakra, dein Drittes Auge und dein Herz weit geöffnet. Es besteht bei dieser inneren Reise die Möglichkeit, mich auf einer Wiese zu treffen. Und zu dieser inneren Reise lade ich dich jetzt ein:

Schließe deine Augen, fühle: Du bist auf diesem Seminar und spürst die hohe Energie, die sich dort im Raum ausbreitet und deinen Körper durchströmt. Das geschieht jetzt. Genieße diese Energie einen Augenblick und erfühle in deinem ganzen Körper, wo du sie wahrnehmen kannst. Sicherlich bemerkst du eine Aktivität auf deinem Kopf. Dies mag sich anfühlen, als wäre da ein Wattebausch auf deinem Haupt, der sich bewegt. Vielleicht pulsiert es in deinem Dritten Auge – dem Bereich, der zwischen deinen Augen auf dem Nasenrücken liegt – oder in deinem Herzbereich. Möglicherweise nimmst du diese hohe Energie auch irgendwo anders in oder an deinem Körper wahr. Lass dir Zeit für deine Erkundung.

Nun möchte ich gern, dass du etwas visualisierst: Stell dir vor, du stehst auf einer Wiese. Diese Wiese ist so, wie du es magst. Sie kann in den Bergen sein, am Meer, hinter deinem Haus, in einem Park … Wo immer du möchtest, da wird sie sein. Die Wiese wird so aussehen, wie es dir gefällt. Wenn du Rosenbüsche liebst, werden dort Rosen wachsen. Wenn du die weite Fläche eines Rasens liebst, wird es sie dort geben. Was du visualisierst, liegt in der fünften Dimension. Wir haben diese Plattform für euch Erwachende erschaffen. Sie existiert als energetische Ebene. Wie du sie dir gestaltest, das bleibt dir überlassen. Wir, die geistigen Helfer und dein Höheres Selbst, haben die Möglichkeit, in diese Ebene einzusteigen. Wir können dich dort treffen, mit dir arbeiten, dich klären und mit dir kommunizieren. Das gilt für alle Wesen deiner Wahl. Diese Plattform ist für alle da, die du hier haben möchtest. Selbst wenn es Verstorbene sind, mit denen du noch etwas klären magst: Diese Plattform ist für eine Begegnung geeignet. Voraussetzung ist, dass der Verstorbene auch eine Begegnung wünscht. Denn bei den Seelenaspekten, die hinübergegangen sind, ist unklar, was sie gerade tun, wo sie sich befinden, ob es ihnen möglich ist, dich wahrzunehmen, und sie dich treffen wollen. Diese Begegnungen empfehle ich auch nur, wenn es wirklich von Wichtigkeit ist. Denn dein Hauptaugenmerk sollte auf einer Begegnung mit höherschwingenden Wesen liegen. Das sind wir, viele andere, dein Höheres Selbst und weitere Höhere Selbste, die dir für deinen weiteren höherschwingenden Weg die Hand reichen wollen.

Nun sieh dir deine Wiese genau an und begib dich mit deinem Gefühl ganz dort in deine Person, in dein Sein. Du bist dort in einem Körper, der den höheren Schwingungen der fünften Dimension entspricht. Schau ihn dir einmal genau an und spüre, wie du dort aussiehst, was du trägst und wie du dich dort fühlst. Nimm deine geistigen Hände gern zu Hilfe: Betaste dich und nimm den Stoff auf deiner Haut und deine Körperkonturen wahr. Streiche über dein Gesicht und erfühle deine Haare. Tu dies so lange, bis du dort ganz in diese Gestalt eingetaucht bist. Dann lenke deine Aufmerksamkeit auf die Wiese: Vielleicht riechst du etwas oder du hörst Vogelgezwitscher, das Rauschen des Windes oder das Plätschern von Wasser. Tauche ganz in dieses Szenario ein und genieße das Idyll. Fühle es und freue dich, hier zu sein. Nun bemerkst du, dass ich auf dem Weg zu dir bin ... ich schreite gerade über die Wiese auf dich zu. Ich, Kryon, möchte dich gern besuchen und dir die Möglichkeit geben, mit mir in Kontakt zu kommen. Wir wollen uns sehen, begrüßen und miteinander kommunizieren ... du kannst Fragen stellen und tief in meine Schwingung eintauchen.

Beobachte, wie ich über die Wiese auf dich zukomme und dir meine Hände entgegenstrecke. Nun stehe ich vor dir. Wenn du mich nicht so klar sehen kannst, dann erfühle mich. Strecke deine geistigen Hände aus und streiche über meinen Körper. Fühle mein Gewand und meine Struktur. Weißt du, ich bin Licht wie du, aber ich kann mich für dich hier so manifestieren, wie du es magst oder brauchst. Ich werde mich dir in einem kupferfarbenen Gewand vorstellen. Das ist sozusagen meine „Berufskleidung" und entspricht meiner Arbeit mit Magnetismus. Meine Seelenschwingung ist übrigens silberblau. Ich gehöre zur Familie der Schwerter, zu dem Bereich von Erzengel Michael. Erfühle mich und genieße unsere Nähe. Dann bitte ich dich, zu schauen, was ich tue. Vielleicht verbeuge ich mich vor dir oder ich reiche dir meine Hand. Möglicherweise gestattest du es mir, dich zu umarmen. Du entscheidest, wie wir einander begrüßen. Nun werde ich das an dir vornehmen, was notwendig ist, damit du gut und klar mit mir in geistigen Kontakt treten kannst. Sieh einfach zu: Vielleicht arbeite ich an deinem Kronenchakra, vielleicht am Kehlkopfchakra oder am Dritten Auge. Es könnte auch sein, dass ich noch eine Öffnung an deinem Herzen vornehme. Ich bereite dich nun auf eine enge Verbindung mit uns vor. Ich reinige und kläre das, was zu klären ist. Beobachte, was geschieht, und fühle es bitte ... es wird einen Augenblick dauern. Dann möchte ich dir die Möglichkeit geben, mit mir zu sprechen.

Ich möchte dich zu diesem Zweck bitten, dich ganz auf mein Herz zu konzentrieren. Fokussiere deine Aufmerksamkeit auf meinen Herzbereich und lausche dann in dich hinein. Ich gebe dir eine Botschaft und die kommt als Gedanke oder Gefühl. Sie ist sofort da. Und jetzt nimm dir Zeit, sie zu hören und zu spüren.

Nun hast du die Möglichkeit, mir ein paar Fragen zu stellen. Es gibt sicher Dinge, die dich bewegen in dieser ereignisreichen Zeit. Ich kann dir vielleicht helfen, eine Situation zu klären, dir Tipps geben, wie du besser bei dir bleiben kannst, oder Ähnliches. Bitte bedenke, dass ich immer zum Wohle aller spreche. Ich werde dir keine Antworten geben, die dein Ego befriedigen. Es kann also durchaus sein, dass ich dir eine Antwort gebe, die dir gar nicht gefällt. Ich denke, du weißt dann, was zu tun ist. Lehne dich nun entspannt zurück, fokussiere deine Aufmerksamkeit auf mein Herz und stelle eine Frage. Dann lass sie los, konzentriere dich wieder auf mein Herz und lausche der Antwort, die als Gedanke oder als Gefühl zu dir kommt. Manch-

mal ist die Antwort auch schon da, wenn die Frage noch nicht einmal zu Ende gestellt ist: Du kennst die Antwort plötzlich schon. Das ist ein nicht irdisches, ein interdimensionales Konzept, das hat mit der Art, wie Schwingung arbeitet, zu tun. Aber ich werde mich bemühen, es so für dich zu gestalten, dass es nacheinander geschieht, also wie ein Frage-Antwort-Spiel.

So in Kontakt mit der geistigen Welt zu sein erleichtert dein Leben ungemein. Doch was all die Informationen anbelangt, die ich oder andere geistige Wesenheiten dir geben, empfehle ich dir: Prüfe unsere Antworten mit deinem Herzen. Fühlen sie sich gut an und sind sie in Liebe? Wenn nicht, waren es nicht unsere Antworten. Wenn du dein Gefühl befragst, weißt du sofort, ob sich etwas anderes einmischt, das aus deinem Ego oder von anderen Schwingungsebenen kommt. Vertraue. Wir üben ja mit dir und helfen dir, das Richtige zu hören. Diese Kommunikation ist eine Übungssache. Probiere es einfach immer wieder aus. Doch du erhältst auf diese Weise nicht nur Informationen, sondern tauchst dabei außerdem mehr und mehr in das große Licht der Schöpfung ein. Wie wir immer wieder vermitteln, gilt auch hier: Je mehr du mit uns verbunden bist und je öfter du das bist, desto mehr Licht etabliert sich bei dir, denn nach jedem Kontakt bleibt etwas davon zurück. Du bist also nie mehr das Wesen, das du vor dem Kontakt warst. Ist das nicht wunderbar?
    Die Kommunikation mit uns ist wie der Kontakt und das Gespräch mit einem guten Freund oder einer Schwester. Die Steigerung ist die Kommunikation mit deinem Höheren Selbst. Das ist dein höchster Aspekt hier in der Erdinkarnation mit vielen weiteren höheren Anteilen. Und letztlich treffen wir uns alle irgendwo in dieser herrlichen Göttlichen Suppe, in dem Feld der Einheit. Dann sind wir uns alles: Mutter, Vater, Bruder, Schwester, Partner. Wir sind nicht

mehr einzelne Fragmente. Ich bin du und du bist ich. Ist das nicht eine herrliche Zukunftsmusik?

Wenn du das Channeln perfektionieren möchtest und vor allem wenn du gern die Möglichkeit hättest, diese Worte festzuhalten und immer mal wieder zu lesen, dann empfehle ich dir das geistige Schreiben. Gehe, wie eben beschrieben, in die Verbindung, und wenn du deine Frage stellst, halte Zettel und Stift bereit oder setze dich an den Computer. Du stellst die Frage, konzentrierst dich im Geiste auf das Herz desjenigen, den du fragst, und schreibst die Antwort, die du bekommst, einfach auf. Das braucht ein bisschen Übung, manchmal verliert man auch den Faden und der Kontakt fühlt sich unterbrochen an. Das ist er natürlich nicht, aber dein Persönlichkeitsselbst und vielleicht noch vorhandene Ängste wollen dir das vermitteln. Beginne in einem solchen Fall einfach wieder von vorn.

Der eine oder andere Leser mag schon versucht haben, Kontakt zu uns aufzunehmen, und vielleicht ist es ihm ja sofort gelungen. Dann gibt es diejenigen unter euch, die noch ein paar nebelartige Schleier vor der Kontaktebene haben. Ihnen empfehle ich, mich, Erzengel Michael oder Saint Germain zu bitten, vor dem Kontakt eine Reinigung und Klärung vorzunehmen. Wichtig ist es, nicht zu verzagen, sondern es immer weiter zu versuchen. Du kannst auch fragen, warum der Kontakt nicht klappen will, und um ein Gefühl oder eine andere Art der Information bitten, die dir mitteilt, warum das so ist. Vielleicht weißt du es aber auch ganz plötzlich. Meist sind es alte Ängste aus diesem oder sogar anderen Leben, die hier noch hinderlich wirken. Gut ist auch, erfinderisch zu sein, wenn die Antwort nicht kommen will: Du kannst die geistige Welt bitten, sie möge die Antwort auf eine Tafel schreiben, die du auf der Wiese visualisierst ... Vielleicht kommt die Antwort auch später, mag sein, du liest sie in einem Buch, dir fällt irgendwo ein Text ins Auge oder du unterhältst dich mit jemandem, der dir die Antwort – zufällig – gibt. Denn bedenke, es ist unser größter Wunsch, in dieser so wichtigen Zeit mit dir in Verbindung zu sein. Wenn es dein Wunsch ist, finden wir Mittel und Wege, mit dir bewusst verbunden zu sein und dich zu informieren. Bitte versuche es so lange, bis du gut in Verbindung bist.

Die Gespräche mit uns – vielleicht sind es anfangs auch nur einzelne Worte – erweitern sich mit der Zeit und erleichtern dein Leben ungemein. Du kannst alles erfragen, was dich bewegt. Wir erklären dir gern, warum etwas in deinem Leben nicht so läuft, wie du es dir wünschst: Womit es zusammenhängt und was es dir sagen will. Wir geben gern Ratschläge, was du zur Veränderung deiner Situation tun kannst. Und wir sind nicht beleidigt oder gar böse, wenn du etwas ganz anderes tust, als das, was wir dir empfohlen haben. Das wäre sonst ja die menschliche Art zu denken. Wir akzeptieren deine Wahl und dein Handeln. Es ist dein Leben, wir sind lediglich Berater, und wir sind voller Liebe und Verständnis für dich. Wie ich immer gern sage: Wir verbeugen uns vor dir, denn du hattest den Mut, jetzt zu inkarnieren, dieses Leben zu leben und der Erde zu dienen.

Die Erweiterung dieses Channelns ist, sich überall mit uns zu unterhalten, wo du gerade bist – dafür bedarf es allerdings wirklich eines guten Kontaktes. Das ist wunderbar, findest du nicht? Stell dir vor, du bist in einem Geschäft, möchtest für das Abendessen einkaufen, weißt nicht, was gut und passend wäre für den heutigen Tag, und fragst uns. Probiere es gern aus. Du wirst viel Spaß dabei haben. Barbara hat auf diese Weise einmal einen Wintermantel mit uns eingekauft. Sie fand ihn dort, wo sie sonst nie hineingegangen wäre. Das ist doch spannend und eine völlig neue Art einzukaufen, oder?

Das Werkzeug der geistigen Kommunikation ist etwas ganz Besonderes und wirklich nur möglich, weil so hohe

Energie auf die Erde strömt. Früher war das oft sehr schwierig. Wir kamen nicht an euch heran ... nur an den Kraftplätzen war es möglich oder wenn der Schüler den Körper verließ, um in höheren Welten zu reisen.

Ich möchte dir nun noch Mut machen: Sei erfinderisch, lass dich nicht ablenken und sei ein bisschen pfiffig, was die Möglichkeiten der Durchgaben anbelangt. Und lass dir noch sagen: Die Qualität der Antworten hängt von den Fragen ab, die du stellst!

Eine weitere Möglichkeit, mit uns in Verbindung zu sein, ist natürlich deine Intuition. Du kennst das sicher: Du willst etwas tun und bemerkst, irgendetwas, irgendjemand bringt dich dazu, es dir anders zu überlegen, einen anderen Weg einzuschlagen oder etwas anders zu tun. In einem solchen Fall hast du dich von uns oder deinem Höheren Selbst inspirieren lassen. Du warst offen für Ideen, die nicht bei einem Frage-Antwort-Spiel durchgegeben werden, sondern einfach in dich hineinfließen, einfach so. Das ist möglich, wenn du nicht so sehr in deinen Gedanken verwickelt bist, die dich in deinem Leben in der Lemniskate halten. Bist du fast frei von Gedanken und ganz bei dir, dann können wir gut durchkommen. Besonders frei bist du, wenn du dich in der Natur aufhältst oder einer Tätigkeit nachgehst, in die du ganz vertieft bist, das heißt, wenn du nichts anderes machst. Letzteres kann inniglisches Kochen, Gärtnern, Fahrradfahren oder auch Staubsaugen sein. Erinnere dich kurz. Du hast sicher sofort eine Situation in dir parat, in der es dir so ging.

Wir müssen nicht immer durch erkennbare Kommunikation mit dir arbeiten, unser Kontakt kann auf vielfältige Weise stattfinden. Aber es macht Sinn, in dieser interessanten, spannenden Zeit voller Veränderungen auch ab und an ganz bewusst mit uns in Verbindung zu sein.

Viel Freude beim Üben. Ich bin dein Diener und an deiner Seite. Noch ein Tipp: Es ist immer möglich, dich bei Veranstaltungen geistig einzuklinken – so wie du es eben tatest. Du bist dabei, auch wenn dein Ego dir vermitteln will, dass deine Teilnahme nur bei körperlicher Anwesenheit wirklich real sei!

Die Verbindung zum Höheren Selbst

Lasst uns ein bisschen näher zusammenrücken. Lasst uns nun dein Heiligtum, deine Göttlichkeit, das, was du eigentlich bist, genauer betrachten. Ich möchte dich gern zu deinem Höheren Selbst führen. Die Verbindung zu deinem Höheren Selbst ist der Kernpunkt in deiner Inkarnationszeit hier auf der Erde. Du bist nicht nur dein Höheres Selbst, du bist eigentlich viel mehr, aber das meiste ist für dich nicht sichtbar. Du kannst das nicht mit der Logik und dem Verstand erreichen. Es geht nur über das Gefühl und über die Liebe zu dir selbst. Am wichtigsten ist hier die Verbindung deiner männlichen und deiner weiblichen Seite in dir selbst. Denn du bist ja beides in einem: Mann und Frau. Das verstehen viele Menschen nicht, obwohl sich das Wissen darüber immer mehr verbreitet, denn es ist ja im täglichen Leben jederzeit nachvollziehbar, da es offensichtlich gelebt wird. Jeder entdeckt an sich typisch weibliche und auch typisch männliche Eigenschaften. Das wird auch nachvollziehbar, wenn man das äußere Erscheinungsbild betrachtet: Wie kleiden sich Frauen und wie Männer? Was ist ihre Erscheinungs- und ihre Ausdrucksweise? Das wandelt sich immer mehr. Frauen erscheinen auch mal sehr männlich; oft geschieht das im Geschäftsbereich. Privat ist äußerlich eher die Lust auf weibliche Attribute zu sehen, besonders bei Festlichkeiten. Die Männer haben seit jeher ganz besonders dem Hosenbein ihre Aufmerksamkeit gewidmet. Sie trugen das meist, um ihren Unterbauch vor äußeren Angriffen zu schützen. Schaut man in die letzten Jahrhunderte, waren die Kleider der Männer meist sehr pompös oder prächtig. Heute ist das, was Männer tragen, eher schlicht, obwohl die Farben und Formen der weiblicheren Ausdrucksweise auch hier immer weiter auf dem Vormarsch sind. Das offenbart sich sonst in eher gewagt empfundenen Farbkombinationen oder rundlichen Schnitten. Wie dem auch sei: Du hast beides in dir. Spannend ist es vielleicht, wenn du einmal bei dir beobachtest, wann du dich wie kleidest und was du damit ausdrücken möchtest. Denn Kleidung ist immer eine Form des Ausdrucks. Sie demonstriert, wie es einem gerade geht und was man zeigen und sagen möchte. Früher hatte das allerdings auch etwas damit zu tun, wer man war, welchen Rang man hatte und welchen Namen man trug. Experimentiere gern mit dir. Schau, was in dir ist und ausgedrückt werden will. Probiere das gleich morgen früh einmal bei deiner Kleiderwahl aus. Wenn du dann nach draußen gehst, wirst du vielleicht Reaktionen bekommen: „Oh, du siehst ja heute ganz besonders hübsch aus" oder „So habe ich dich noch nie gesehen, es ist sehr besonders, was du heute trägst". Man sagt ja auch: Kleider machen Leute. Beschäftige dich mit der Wahl deiner Kleider, und bedenke: Du hast dir nicht einfach nur so ausgesucht, eine Frau oder ein Mann zu sein. Beobachte ebenso, welche andere Seite in dir gerade ausgedrückt werden möchte.

Bevor der Mensch den Inkarnationszyklus verlässt, verbindet er seine innere männliche und seine innere weibliche Seite. Sie werden in Einklang gebracht, sie werden zu einem Ganzen. Das setzt sich später weiter fort mit den anderen Facetten deines Höheren Selbst, den anderen Anteilen aus dieser einen Seele, die sich in Fragmente teilte. Sodass sich alle Anteile, die weiter in männliche und weibliche aufgespaltet wurden, wieder vereinen. In diesem Zusammenhang sei noch erwähnt: Wenn der passende andere Anteil sich gerade in deiner Nähe inkarniert hat, mag es sein, dass er sich vielleicht auch partnerschaftlich mit dir vereinen möchte. Das bedeutet, du kommst in den sehr intensiven Genuss, dich auch äußerlich mit der andersgeschlechtlichen Facette deiner Teilung zu verbinden. Das bietet eine große Möglichkeit, alle Anteile in dir selbst zum Ausdruck zu bringen. So eine Partnerschaft kann aber nicht nur Honigschlecken sein. Bedenke: Es ist der gegengeschlechtliche Anteil von dir. So ein Ausgleich ist schon in dir selbst ein sehr intensiver Vorgang. Wie ist das dann erst im Außen? Andererseits birgt diese Verbindung eine große Chance, viele alte Muster in einem Zug durchzuspielen, denn dieser Partner löst alles Mögliche in dir aus oder aber die Themen werden mit großem gegenseitigem Verständnis und großer Göttlicher Liebe transformiert. Auch hier drückt sich wieder die Dualität aus. Es ist natürlich auch eine große Chance, die eigenen Anteile in sich selbst zu vereinen. Sieh es als ein großes Glück, aber auch als Herausforderung an, wenn dir dieses Geschenk begegnet. Vielleicht inkarniert dieser andere Anteil zwar in deiner Nähe, tritt aber nicht unbedingt als Partner in dein Leben. Diese Begegnung ist nicht zu übersehen, da sie sehr intensiv ist. Du wirst magisch von dem anderen angezogen. Du wirst es, wenn es dir widerfahren soll, nicht verpassen, hab keine Angst!

Viele Menschen nähern sich jetzt der Verbindung der eigenen inneren Anteile, weil das auch ein Teil des Aufstiegs ist, der Erweiterung des eigenen Bewusstseins. Es macht dich komplett für den nächsten Schritt: die Verbindung mit dem Höheren Selbst. Aber lass mich noch einen Augenblick bei der Vereinigung des weiblichen und des männlichen Anteils in dir selbst bleiben: Diese Verbindung ist nicht so, dass man sie nicht bemerkt. Manche Menschen erleben sie in Träumen, andere in Visionen, wieder andere direkt im Wachsein und körperlich. Das kann auch mit starken sexuellen Erlebnissen einhergehen, sodass du träumst oder visionierst, du hättest eine sexuelle Begegnung. Das wiederum läuft dann sehr intensiv über die Herzensebene ab. Diese Geschehnisse in Worte zu kleiden ist schwer. Du fühlst es, wenn es so ist, du wirst es wirklich nicht übersehen. Vielleicht hast du Lust, diesen Prozess zu beobachten, deshalb gebe ich dir jetzt eine kleine Übung an die Hand.

Schließe deine Augen und lass vor deinem inneren Auge ein Bild deiner Inneren Frau und danach deines Inneren Mannes entstehen. Beobachte sie, frage sie, wie es ihnen geht und was du vielleicht für sie tun kannst. Vielleicht magst du auch wissen, ob du etwas tun kannst, um diese Verschmelzung, die Chymische Hochzeit irgendwie zu unterstützen. Du wirst ganz bestimmt eine Antwort bekommen. Dann bitte beide gemeinsam vor dein inneres Auge und beobachte, wie sie zueinander stehen, wie sie miteinander umgehen: zaghaft, freudig oder eher ablehnend, vielleicht „fremdeln" sie auch. Ich glaube, du weißt, was das für dich bedeutet, es spiegelt dir wider, wie deine beiden Polaritäten in dir zu dir zueinander stehen. Es ist spannend, das zu sehen und zu fühlen, und es wird meist, wenn du tief in dich gehst, von starken Emotionen begleitet. Das wiederum spiegelt dir, wo es noch bei dir hapert, welche Themen noch nicht im Ausgleich sind. Bei den Frauen und auch bei den Männern sind das die Themen, die mit den Eltern und der eigenen Sexualität zu tun haben. Beide Bereiche sind stark mit alten Erziehungsmustern aus diesem und auch aus anderen Leben belegt. In diesem Zusammenhang möchte ich nochmals erwähnen, dass alle Leben, die du hast, jetzt geschehen, sie sind alle gleichzeitig. Das bedeutet: Wenn du in dieser Aufstiegszeit Heilung anstrebst und erreichst, sind alle Leben davon betroffen. Das ist eine tolle Nachricht und oft nicht mit dem Verstand nachvollziehbar, nicht wahr? Das mutet doch sehr spektakulär an und unwahrscheinlich, aber es ist wahr. Das ist die Zeit der Reinigung der Erde, des Klärens aller Prägungen, damit ihr – die Erde und du – euch wieder klar und rein mit den höheren Anteilen verbinden könnt. Ist das nicht wunderbar?

Wenn du diese Übung über einen längeren Zeitraum immer wieder machst, spürst du ihre Wirkung auf allen Ebenen deines Seins: Du wirst leichter, lebensfroher und strahlender. Bitte, spüre auch immer wieder, wie du dich äußerlich ausdrücken möchtest. Das kann sogar mit sich bringen, dass du dich räumlich veränderst, möglicherweise sogar beruflich. Deine wahren Ideen für diese Inkarnation kommen durch, das, was wir als „Herzenswünsche" beschreiben – diese Wünsche, die erst dann zum Vorschein kommen, wenn du all deine karmischen Imprinte losgelassen hast, deine Muster langsam transformierst, um aus der freien, neutralen Zone deines Seins im Hier und Jetzt dein Leben neu zu gestalten. Das ist für viele Menschen fast unvorstellbar. Denn überleg dir einmal, wie es wäre, das Leben ohne Wenn und Aber zu leben, frei und ohne Prägungen des Staates, der Eltern, der Partner, Vorgaben und Implantate aus diesem und aus alten Leben. Wäre das nicht wundervoll, denn du könntest wirklich tief aus deinem Herzen leben?

Nun lass uns Kontakt zu deinem Höheren Selbst aufnehmen. Es ist diese herrliche Instanz deines gesamten Seins, die, salopp formuliert, am Ausgang dieser dualistischen Lehrzone wartet, um dich dort zu empfangen und sich wieder mit dir zu vereinen. Das Höhere Selbst hat die Flagge der Weiter- und auch Heimreise zur Zentrale allen Seins gehisst. Es hat selbst noch weitere Höhere Selbste, das muss ich immer wieder sagen. Du bist also noch lange nicht komplett. Es ist eine Verschmelzung, die spätere, weitere Verschmelzungen mit sich bringt. Wappne dich mit großer Neugier, Mut und Vertrauen für diesen spannenden Weg. Die alten Mystiker haben viele Zeremonien und Symbole verwendet, um die Schwingungen zu erzeugen, die diese Verbindung möglich macht. Und sie haben Rituale gewählt, um das Höhere Selbst auf sich aufmerksam zu machen. Sie haben sich geöffnet für den Kontakt ... das Höhere Selbst muss nicht milde gestimmt oder angezogen werden: Es ist immer da gewesen. Der Mensch muss sich also öffnen für diesen Kontakt. In der heutigen Zeit sind die Energien so hochschwingend, dass es nicht schwer ist, den Kontakt einzuleiten. Lass uns diesen Weg nun beschreiten.

Setze dich entspannt hin, atme ein paar Mal tief ein und aus und gehe ins Gefühl, indem du deine Hand auf dein Herz legst. Atme weiter und stelle dir vor deinem inneren Auge dein Herz vor. In der Form, wie sich Menschen ein Herz vorstellen. Wir besuchen jetzt dein Heiliges Höheres Herz, in dem auch dein Höheres Selbst wohnt. Manche beschreiben den Sitz des Höheren Selbst in einem Chakra über deinem Kopf. Doch das Höhere Selbst ist nicht nur hier oder dort. Eigentlich ist es überall in dir. Aber dieser Raum des Heiligen Höheren Herzens ist der beste Bereich, um mit ihm in Kontakt zu treten – eben weil dies der Raum der Schöpfung ist, wie bereits beschreiben. In der Mitte des Herzens, vor dem du jetzt stehst, befindet sich eine Tür, und die öffne ich nun für dich. Doch warte bitte noch einen Augenblick, bevor du in den hinter ihr liegenden Raum hineingehst. Ich schicke dir in Verbindung mit deinem Höheren Selbst jetzt ein Symbol, das dir vermittelt, was du gerade in deinem Leben entlässt, was du loslässt, was sich von dir verabschiedet. Schau einmal genau hin, was jetzt aus deinem Herzen kommt. Was verlässt dich? Vielleicht siehst du Blut, Geröll, Menschen, Tiere oder Situationen. Das sind alles Dinge, Wesen oder Geschehnisse, die du jetzt transformierst und loslässt. Sieh dir das bitte an, es ist die Vorbereitung zur Verbindung mit deinem Höheren Selbst. Diese Zeremonie musst du nicht jedes Mal machen. Ab und an, wenn du das Gefühl hast, dass du gern sehen möchtest, was du entlässt, macht es Sinn. Ansonsten gehe einfach in dein Herz hinein. Tu das jetzt bitte. Betritt dein Herz. Sieh dich um, vielleicht ist es so, wie du es im vorherigen Kapitel wahrgenommen hast, als du dein Heiliges Hö-

heres Herz schon besuchtest. Der Raum ist bei jedem Menschen anders ... vielleicht wie eine Wohnstube, wie ein Meditationsraum, vielleicht wie ein Tempel oder eine andere heilige Stätte. Vielleicht ist da auch eine Weite, ein Universum oder du befindest dich sogar auf einem anderen Planeten. Alles ist möglich. Schau dich um, fühle dich heimisch, suche dir einen dir angenehmen Platz und sammle dich. Halte Ausschau nach einer Gestalt, nach deinem Höheren Selbst. Dein Höheres Selbst ist Licht, wie du, aber es kann sich für dich in deinem Herzen manifestieren, sodass du es sehen und fühlen und mit ihm sprechen kannst. Vielleicht sieht es aus wie ein Goldener Engel oder wie eine zarte Lichtgestalt mit nur leichten Konturen ... du kannst es bitten, sich stärker zu manifestieren. Möglicherweise siehst du auch dich selbst als weise Frau oder weiser Mann, als dynamische Frau oder sportlicher Mann. Vielleicht präsentiert sich dein Höheres Selbst auch als androgyne Gestalt. Wisse: Dein Höheres Selbst wird dir so erscheinen, wie du es brauchst. Genieße diese Begegnung. Du wirst sicherlich jetzt gleich oder bei einer späteren Begegnung bemerken, dass dein Höheres Selbst dein Herz weiter öffnet. Das ist ein so wichtiger Schritt in dieser Zeit, um deine Liebe und Akzeptanz für dich selbst zu erweitern und damit das Mitgefühl für alles auf der Erde zu stärken. Diese Begegnungen sind wie eine Straße, und diese Straße ist lang, denn der Weg ist das Ziel. Deine Erfahrungen mit dem Höheren Selbst sind vielfältig. Vielleicht seid ihr einfach nur so zusammen und genießt das Beisammensein. Das eine Mal ist es vielleicht so, dass es mit dir tanzt, um dich in die Leichtigkeit zu bringen. Vielleicht sitzt es ein anderes Mal mit dir an einem bestimmten Ort und ihr diskutiert zusammen ein Problem. Das ist eine gute Möglichkeit, deine alltäglichen Sorgen interdimensional zu betrachten und zu klären. Vielleicht zeigt dein Höheres Selbst dir deinen letzten Heimatplaneten, auf dem du warst, bevor du hierherkamst, oder sogar dein Heimatsystem, von dem du stammst. Letztlich kommen *alle aus der Quelle. Aber deine Erfahrungen außerhalb dieser Quelle werden sicherlich nicht nur auf die Erde beschränkt sein. Lass dir auch gern erklären, welchen anderen Planten du in diesem dualen System schon besucht hast. Die Venus vielleicht oder den Merkur? Überlege kurz, für welche Themen diese Planeten wohl stehen, und möglicherweise warst du auf dem einen oder anderen Planeten, um dich mehr mit diesen Energien zu beschäftigen, wer weiß!*

Die Begegnungen mit dem Höheren Selbst sind unerschöpflich. Letztlich wirst du bemerken, dass du für den Kontakt nicht in dein Herz sehen musst. Die Übung bringt es mit sich, dass du überall, wo du gehst und stehst, in diesen Kontakt hineingehen kannst. Auch wenn du gerade ein Problem, einen Streit oder eine andere Begegnung hast, die du nicht mit dem Herzen lösen kannst, ist es möglich, dich bewusst mit deinem Höheren Selbst zu verbinden. Dafür reicht ein Gedanke ... Überlass es ruhig ihm, die Lage zu sondieren. Möglicherweise hast du dann plötzlich eine Eingebung, was zu tun ist. Es geschieht auch immer mehr, dass du etwas spontan aussprichst, was du wahrscheinlich gar nicht sagen wolltest. Dann spricht *es* durch dich. *Es* gibt die passende Antwort, sozusagen von der höheren weisen Ebene aus. Das ist sehr spannend, nicht wahr? Du sagst etwas, was nicht von deinem Ego kommt, das ja meistens die Finger im Spiel hat. So kann dein Höheres Selbst immer mehr in deinen Alltag hineingleiten. Das bedeutet nicht, dass du nicht auch allein entscheiden kannst, was du möchtest. Du wirst aber nach einem längeren Kontakt feststellen: Das Höhere Selbst hat immer den besseren Blickwinkel und die weiteren Ideen. Es schaut von höherer Warte aus, von einem Standpunkt, der außerhalb der Dualität liegt. Das ist es, was dir hilft, dich nicht mehr so sehr von der Dualität beeinflussen zu lassen. Ich sage immer: Du stehst mit einem Bein hier, auf der Erde im täglichen Leben, mit dem anderen in den höheren Reichen, in der Interdimensionalität. Du bringst mit deinem Höheren Selbst diese interdimensionalen Energien in dein tägliches Leben hinein. Stärke dein interdimensionales Bein, das erleichtert dein Leben ungemein. Besonders in dieser ereignisreichen Zeit ist es so wichtig, im irdischen Leben das Richtige zu tun, allerdings am besten unbeeinflusst von der Dualität.

Meine Empfehlung für dich: Sei so oft wie möglich in dieser Verbindung. Perfektioniere sie, sodass sie dir im Alltag auch bewusst ist. Dein Höheres Selbst ist immer da. Du denkst nur, du müsstest es zuerst rufen.

Geehrt ist der Mensch, der versteht: Die Erde geht in höhere Ebenen. Was liegt da mehr auf der Hand, als sich selbst jetzt mit der Höheren Ebene zu verbinden? Und das ist die Verbindung mit dir selbst in einer höheren Ebene. Ich wünsche dir viel Freude, und wenn du nicht weiterweißt, rufe mich gern, ich helfe dir, stabiler in dieser Verbindung zu sein!

Der Notfall-Selbsthilfe-Koffer für „harte" Zeiten der Transformation

Nun, fast zum Abschluss unserer Reise in dein eigenes Sein, dem Weg der Transformation und des Aufstiegs, der Erweiterung deines Bewusstseins, möchte ich dir gern noch einen kleinen Notfallkoffer mit auf deinen Weg geben. In diesem Koffer findest du kurz und knapp: die Werkzeuge, von denen ich meine, dass sie dir helfen, diesen Transformationsweg, den Pfad der Meisterschaft, leichter zu durchschreiten. Es sind Werkzeuge, die alterprobt sind, die von vielen Mysterienschülern eingesetzt wurden, wenngleich auch in einer sehr viel erweiterten Form. Wir aus den höheren Ebenen glauben, dass du diese Werkzeuge in abgespeckter, einfacher Form gut für deinen eigenen Weg der Erweiterung nutzen kannst, da der Schleier zur Reise nach Hause gelüftet ist. Du wirst bemerken – und das hast du in den letzten Jahren öfters –, dass Transformationsarbeit manchmal ziemlich herausfordernd ist und du oft achtgeben musst: „Wie halte ich meine Mitte, und wie schaffe ich es, nicht aus der Fassung zu geraten oder in tiefere Gefühlsschwankungen zu fallen?" Dieser Werkzeugkoffer hilft dir, dich gut in der Mitte zu halten oder dich wieder in deine Mitte zu bringen. Und da der Schleier zu den höheren Ebenen transparenter wird, da die Energien, die jetzt die Erde berühren, immer höher werden, wirken die einzelnen Werkzeuge sofort. Der Mensch neigt dazu, sich seinen Emotionen hinzugeben, wenn es ihm nicht gut geht. Gerade wenn du dich von dem Höheren Sein getrennt fühlst, solltest du versuchen, diese Trennung sofort aufzuheben. Dabei helfen dir diese Werkzeuge. Ich führe sie hier nur stichwortartig auf, weil sie meist schon in diesem oder in anderen Büchern* ausführlicher beschrieben sind. Dieses Buch ist ein Handbuch und somit auch äußerst handlich, sodass du es gut in Griffnähe aufbewahren kannst. Du schlägst im Bedarfsfall diese Seite auf und suchst dir etwas heraus, was dich anspricht.

Hier ist der Inhalt des Koffers:

- *Viereratmung:* Das bedeutet, dass du jeweils beim Einatmen, beim Atemanhalten, beim Ausatmen und beim erneuten Anhalten des Atems jeweils bis vier zählst. Wenn du das in einem gleichmäßigen Rhythmus tust, bringt es dich sofort in die Ruhe und ins Gleichgewicht.
- *Dein Herz bewusst öffnen:* Schließe die Augen und stell dir vor, dass sich dein Herz öffnet. Tu dies so lange, bis du diese Öffnung als Öffnung zum Universum empfindest.
- Lege deine Hand auf dein Herz, atme tief und langsam (Viereratmung?) und fühle, wie eine Verbindung von Herz und Hand entsteht und Tiefe und Weite spürbar werden. Verweile so lange in diesem Gefühl, bis du dich leicht und sicher fühlst.
- *Kontakt zu Mutter Erde aufnehmen:* Stelle dir das innere, kristalline Zentrum der Erde vor und verbinde dich mit ihm. So entsteht ein Band ... verstärke dieses Band, es ist die Verbindung zur Göttlichen Mutter Erde, die dich trägt. Bleib so lange in dieser Verbindung, bist du dich getragen fühlst. Ich möchte diese Verbindung auch als „neue Erdung" bezeichnen, denn du verbindest dich mit dem Göttlichen Kern der Erde.
- Begib dich in die Natur, leg dich auf eine Wiese oder setz dich auf eine Bank. Der direkte Erdkontakt ist vor-

---

* Barbara Bessen: *Ein Kurs in Liebe,* Band eins bis drei. Hans-Nietsch-Verlag, Freiburg 2007–2009

zuziehen. Atme tief, und spüre, dass du getragen und geliebt bist.
- Sage laut vor dich hin: „Ich habe mich lieb." Anfangs könnte dir das schwerfallen, sodass du es kaum aussprechen kannst. Sprich es so lange und so tief und fest aus deinem Inneren, bis du ein gutes Gefühl in deinem Herzen spürst und dich wohlfühlst.
- Versuche, dich an etwas Lustiges zu erinnern. Das kann ein wenig dauern, wenn dir gerade nicht nach etwas Lustigem zumute ist. Aber es wird dir gelingen. Wer lacht, befreit sich von Spannungen und alten Prägungen.
- Lege dich auf den Boden, gehe in dein Herz hinein und besuche dein Höheres Selbst. Im Liegen gelingt es besser, weil du entspannter bist. Das ist wichtig, denn gerade, wenn es dir nicht gut geht, wird der Kontakt zum Höheren Selbst meist von dir selbst sabotiert.
- *Ein alter Trick der Mystiker:* Suche dir einen ruhigen Platz, schließe die Augen und konzentriere dich auf dein Drittes Auge – das ist zwischen den Augen auf der Nasenwurzel –, es ist die Verbindung zum Universum. Beobachte, was mit dir passiert. Wenn du es schaffst, deinen Fokus länger dort zu halten, bist du gut mit höheren Ebenen verbunden. Vielleicht fühlst du dich schwebend, gehoben und getragen und kannst die Sorgen und Ängste loslassen.
- *Wenn du dich wie besetzt fühlst:* Visualisiere deine Aura, dein Feld, das, was du bist. Scanne es mit deinem inneren Auge ab und schaue, ob etwas in deinem Feld ist, was da nicht hingehört. Verweise es vehement des Feldes. Es könnte der Anlass für dein Unwohlsein sein. Dafür brauchst du etwas Übung. Oder du entscheidest dich, wenn es ganz drastisch ist, für die Hilfe von einem energetisch arbeitenden Menschen. Noch besser: Du bittest dein Höheres Selbst, dich bei dieser Aufgabe zu unterstützen.

- *Singen:* Singe laut und hoch und tief, singe lange. Wer singt, kann die Störfelder der Transformation, der Sorgen oder Fremdeinflüsse mit den eigenen Schwingungen ausgleichen. Es ist ein wunderbares Werkzeug!
- *Gute Musik hören:* Wer sich mit den wirklich guten musikalischen Werken beschäftigt, sie hört und sich dabei ganz in sie hineinfallen lässt, ist mit dem Kosmos verbunden. Denn wer hat diese wunderbaren Werke wohl kreiert? Höhere Wesen, die sich mit dem jeweiligen Menschen verbunden haben.
- *Die Goldene Welle:* Suche dir einen gemütlichen Platz, lege dich hin und begib dich in die Goldene Welle. Wenn du dich besonders schlecht fühlst, und es allein nicht schaffst, bitte ein geistiges Wesen deiner Wahl um Hilfe. Wir sind stets zur Stelle, um diese Verbindung einzuleiten. Du könntest auch in dein Drittes Auge gehen, das hilft ebenso.
- *Pranaatmung:* Sei dir deiner Verbindung zum Himmel und zur Erde bewusst. Atme tief durch die Nase ein, stelle dir dabei vor, wie Prana von oben durch dein Kronenchakra fließt. Lenke den Atem in dein Herz, halte ihn dort ein paar Augenblicke und stelle dir dann beim Ausatmen vor, dass Prana wie ein Stern in deinen ganzen Körper hineinstrahlt. Tu das ein paar Mal. Ziehe nun den Atem von Mutter Erde in dich hinein. Atme in deinem Herzen aus und lass diese Energie in deinen ganzen Körper hineinstrahlen. Verbinde diese Atmung: Beim Einatmen ziehst du gleichzeitig den Atem von oben und von unten in dich hinein, zentrierst ihn in deinem Herzen, hältst ihn dort ein paar Augenblicke lang und lässt ihn dann in deinen ganzen Körper hineinstrahlen. Diese Atmung verlichtet dein ganzes Körpersystem und wirkt immer.
- Zu guter Letzt empfehle ich, wenn es dir wirklich ganz miserabel geht, du müde, erschöpft, hilflos bist und dich

nicht geliebt fühlst, einfach, dein Höheres Selbst tief aus deinem Herzen und mit reiner Absicht anzurufen und um Hilfe zu bitten. Hab ein bisschen Geduld und lausche, fühle eine Reaktion, eine Antwort oder/und die Hilfe, die du brauchst.

Vergiss nie: Du bist ein göttliches Wesen, das auszog, die Dualität kennenzulernen. Es ist dein Geburtsrecht, dich aller Göttlichen Werkzeuge zu bedienen. Du bist vielleicht sogar eines der großen Wesen, das die Erde mit erschuf und nun selbst die Erfahrung macht, hier zu sein. Was also kann dir schaden oder dich sogar vernichten? Nichts und niemand!

Geliebtes Menschenwesen!

Unsere Begegnung geht, rein verstandesmäßig betrachtet, dem Ende entgegen. Du wirst dieses Buch zuklappen, es irgendwo hinlegen, einordnen oder vielleicht in greifbarer Nähe auf deinen Nachttisch legen. Sieh es als ein Kraftpaket, das du jederzeit wieder öffnen kannst. Bediene dich dieser Energien, die es in sich trägt, so, wie es gut für dich ist. Wie wäre es, wenn du versuchen würdest, direkt mit mir in Verbindung zu treten? Ich bin einer der vielen geistigen Lehrer, die dich auf deinem Weg begleiten und stets erreichbar sind. Du musst nichts Aufwendiges tun, um mit mir in Kontakt zu kommen. Deine reine Absicht, dein göttlicher Wille ist ausreichend. Denk an mich, sprich mich an ... ich bin immer da. Das klingt verrückt, nicht wahr? Ich bin seit Anbeginn der Erde hier, um den Menschen zu dienen, und das geschieht in vielfacher Form. Ich erzählte bereits, ein Teil von Kryon ist der Magnetische Meister, ein anderer der Fachmann für geistiges Heilen, der nächste Teil von mir ist mit der Göttlichen Mutter eng verbunden, um den weiblichen Energien, die die nächsten 13.000 Jahre hier das Zepter führen werden, dienlich zu sein, ihr Amt anzutreten. Ich bin noch viel mehr, je nachdem was gebraucht wird. So ist es.

Ich lege dir nun alle Werkzeuge, die du für deinen Aufstieg, für den Weg der Bewusstseinserweiterung brauchst, in die Hand. Benutze sie mit großer Achtung, aber spüre auch, dass du sie verdient hast. Wer anders als du sollte in der Lage sein, diese Werkzeuge zu benutzen, denn du hast sie in anderen Leben oder/und auf einer höheren Ebene mit erschaffen oder sogar selbst erschaffen. Du greifst also eigentlich in deine eigene Tasche, um dir selbst behilflich zu sein. Ist das nicht komisch? Das ist wirklich göttlicher

Schlusswort von Kryon

Humor. Ich liebe Humor. Wie sonst wäre der Weg der Meisterschaft für euch, auch aus meiner Sicht, zu gehen? Alles, was du erlebst, ist Illusion, du bist ein Hologramm, und dieses Hologramm ist das Werk hoher geistiger Wesen, die sich ausprobieren wollen. Bist du das hohe geistige Wesen möglicherweise selbst? Das ist auch sehr komisch, findest du nicht? So bleibt mir nur noch, dir zu sagen, dass du sehr geehrt und geliebt bist dafür, dass du hier auf der Erde und ein Mensch bist. Wir verbeugen uns, ziehen den Hut vor dir, wie du sagen würdest, und stehen dir zutiefst zu Diensten.

Lass mich noch erwähnen, dass dieses Spiel der Dualität bald dem Ende entgegengeht. Du steckst mittendrin in diesem Prozess, gemeinsam mit der Erde, diesem herrlichen Wesen. Warum nimmst du diese Erkenntnis nicht, um dir immer wieder zu sagen, dass du hier eigentlich einen wunderbaren Dienst hast? Meinst du nicht auch? Du bist ganz bewusst hierhergekommen. Einige von euch denken, dass sie zufällig hier sind oder sogar verbannt wurden oder Ähnliches, weil ihr Leben auf der Erde manchmal sehr hart war. Nein, du hast gedrängelt, wolltest wieder heruntergehen, du wolltest jetzt hier dabei sein. Erinnere dich daran, wenn du wieder einmal ungehalten über dein Leben bist. Sieh nach vorn, und nimm wahr, welche Herzenswünsche dich bewegen: Was möchtest du sein, was möchtest du tun? Wage es! Worauf wartest du? Die Chancen stehen sehr gut, dass all das, was du sein und leben möchtest, sich jetzt ereignet, sich manifestiert. Probiere es aus, aus deinem Höheren Herzen heraus. Du selbst bist der Schöpfer deines Seins, lass mich dir das jetzt noch einmal besonders ans Herz legen. Wer sonst formt dich und kreiert dein Leben? Du bist es! Nun schreite frohen Herzens voran, nimm dein Leben in die Hand und ändere, was zu ändern ist. Ich bin dein Diener, ewiglich. Und vergiss nicht: Wir sind Brüder und Schwestern und treffen uns sicher bald von Angesicht zu Angesicht.

Doch vorher besuche mich mit deinem inneren Auge. Dafür gebe ich dir noch eine kleine Anleitung: Begib dich auf die geistige Wiese, die wir dir schon oft als Begegnungsstätte anboten. Tauch tief in die Wiese ein mit deinem Gefühl – vielleicht jetzt gleich – und bitte mich, auch auf die Wiese zu kommen. Ich bin sofort da. Ich habe für dich mein schönstes Kleid angezogen, das meines Dienstes als Meister des Magnetismus: Es ist ein kupferfarbenes Gewand. Es leuchtet für dich und gibt dir magnetische Kraft, um dein eigenes magnetisches Feld für deinen weiteren neuen Weg zu einem kosmischen Menschen zu stabilisieren. Lass uns nun ein bisschen miteinander plaudern und die herrliche Wiese dabei genießen!

Ich bin in tiefer Liebe und Verbundenheit
Kryon

Barbara persönlich:
Mein (Weiblicher) Weg

Nun haben Sie, liebe Leser, dieses Handbuch gelesen, durchgearbeitet und/oder vielleicht einfach nur irgendwo hingelegt, möglicherweise sogar unters Kopfkissen. Ich weiß, einige Leser tun das, denn sie wissen: Es wirkt auch so. Sie haben sich wahrscheinlich überlegt: „Wie oder was fange ich mit dem Buch an? Gehe ich tief in mein Herz und lese es oder lass ich es einfach erst einmal nur auf mich wirken?" Sie haben nun vielleicht schon erkannt, dass die Botschaften, die die hohen geistigen Wesenheiten, in diesem Falle Kryon, weitergeben, wundervoll sind, dass die Energie, die sie uns vermitteln, aber das Wichtigste ist. Wir tauchen in ein höheres Feld ein, wenn wir diese Botschaften lesen oder in Bücher von Kollegen, die ebenfalls hoch angebunden arbeiten. Das Buch spricht zu uns, gibt aber hauptsächlich verpackte Energie an die Leser und/oder Genießer weiter, die ihnen hilft, eigene Schritte der Meisterschaft leichter und geführt zu gehen.

Ich persönlich bin eher ein bodenständiger, intellektuell geprägter Mensch gewesen. Ich war als Journalistin viel mit dem Kopf unterwegs, habe recherchiert und geschrieben. Das half mir bei der Arbeit mit Kryon nicht viel. Dass ich vor Menschen sprechen und flüssig auf der Schreibmaschine schreiben konnte, war das Einzige, was mir geholfen hat, denn ich habe früher einmal das Zehnfingersystem gelernt. Das habe ich im Laufe der Jahre perfektioniert und es hilft mir heute beim Schreiben am Computer ungemein. So entstehen Bücher leichter und die vielen Channelings für die Internetseite oder für Zeitschriften gehen ebenfalls flott von der Hand. Aber all das andere Werkzeug, das ich mir als

Journalistin angeeignet hatte, war mir hier nicht sehr wertvoll. Denn es hieß für mich jetzt: Loslassen und aus dem Kopf herausgehen, nicht mehr recherchieren, alles analytisch und kritisch mit dem Kopf betrachten und bewerten, sondern mit dem Gefühl arbeiten.

Als ich mit der geistigen „Arbeit" begann, war ich noch ein Kind. Ich hatte immer geistige Botschaften und war mir dessen bewusst. Nur meine Eltern fanden das nicht sehr angenehm und untersagten es mir. Das führte dazu, dass ich im Geheimen mit den geistigen Freunden plauderte und spielte. Ich glaube übrigens, dass das alle Kinder tun, nur wir Erwachsenen trainieren es ihnen ab. Später habe ich diese Verbindung wohl vergessen, denn es kamen viele äußere Dinge in mein Leben. Aber mit Anfang vierzig hat Saint Germain an meine Tür geklopft und sich unter verschiedenen Namen immer mal wieder vorgestellt. Dann fielen mir die ersten Engelbücher in die Hand, und ich bemerkte, dass ich keine großen Dinge zu tun brauche, um mit den geistigen Lehrern in Verbindung zu sein. Sie waren schon da. Heute weiß ich, dass dies vielen alten Seelen – vielen Menschen, die schon lange auf diesem Planeten inkarnieren – so ergeht. Nur wir erwachsenen Menschen sind meist sehr kopfgesteuert, bewertend und immer voller Misstrauen. Kurz: Wir vertrauen unseren wundervollen Gaben nicht. Ich erlebe immer wieder in Einzelsitzungen, in denen ich Menschen mit den geistigen Freuden und dem Höheren Selbst verbinde, dass einige sagen: „Ach, *das* ist die Verbindung. Ja, die habe ich schon lange." Na bitte, so ist es. Nur wir glauben es nicht, und wir halten es für unmöglich, dass es so ist. Wie schade, aber auch das gehört wohl zum menschlichen System.

Nun gehen wir in eine völlig neue Zeit, die von den alten Prophezeiungen der Maya und anderer alter Völker angekündigt wurde. Kryon sagt, der Weg, den wir jetzt alle gingen, sei so wie nie zuvor. Wir gehen zwar in eine höhere Ebene zurück, aber dort ist es jetzt anders als das, was wir dort erlebten, bevor wir hierherkamen. Wir bringen viel an Erfahrungen mit, wir sind nicht mehr die Alten und die Erde ist es auch nicht. So bewegen wir uns auf einem völlig neuen Terrain und sind aufgefordert, uns selbst zu vertrauen. Das Vertrauen zu uns selbst ist das, was uns am Schwersten fällt. Ich kenne das gut von mir: Ich empfange diese Botschaften oft und schon seit Langem natürlich auch solche, die für mich persönlich bestimmt sind. Das kann geschehen, wenn ich im stillen Kämmerlein sitze, oder auch zwischendurch mitten im Leben. Doch bei ganz wichtigen Dingen – den Entscheidungen, die ich privat fällen muss oder auch geschäftlich – bin sogar ich manchmal unsicher, was die geistigen Informationen anbelangt. Ich frage dann viel nach und bin sehr kritisch. Das ist sicher oft angebracht, aber es zeigt mir auch, dass ich noch nicht ganz wieder im Urvertrauen verankert bin. Das zu erreichen mutet auch mir manchmal schwer an. Es geht ja darum, nicht mehr mit dem Kopf zu bewerten.

Nehmen wir einmal das folgende Beispiel: Es ging um eine Entscheidung, ob ich mit einem Krankheitssymptom zum Arzt gehen soll oder nicht. Ich hatte vorletzten Winter eine Lungenentzündung, die mir sehr zu schaffen machte. Dem lieben Schöpfer sei gedankt, dass dies in der Winterpause war (sicher kein Zufall!) und nicht während der Reisesaison. Ich selbst ahnte nur, dass es eine Lungenentzündung war, denn es gab keine ärztliche Diagnose, weil ich bislang keinen Arzt aufgesucht hatte. Aber meine Freundin, die Heilpraktikerin ist, deutete, als wir telefonierten, an, dass es eine Lungenentzündung sein könnte. Sie wohnt weiter weg, und ich wollte keine lange Reise unternehmen, um bei ihr Hilfe zu bekommen. Und das war auch oder hauptsächlich so, weil die geistige Welt, als ich fragte, was zu tun sei, meinte, es sei ausreichend, zu ruhen. Immer wieder kam die Antwort: „Du brauchst Ruhe. Leg dich ins Bett oder auf dein Sofa, genieße die Ruhe, lies, unternimm geistige Reisen, schlafe und entspanne dich!" Ich habe nichts anderes getan, war nicht beim Arzt, habe keine Medikamente eingenommen, nur viel Salbeitee getrunken und eigene Sitzungen in der Goldenen Welle gemacht. Ich spürte, dass an mir gearbeitet wurde. Meine zaghafte Frage, ob ich nicht doch meine Ärztin aufsuchen solle, wurde mit „Das ist nicht notwendig!" beantwortet. Später telefonierte ich dann doch mit ihr – mein Verstand ließ nicht locker –, und dann bekam ich, was ich die ganze Zeit vorher auf dem Sofa, obwohl mich Brustschmerzen plagten, nicht gehabt hatte: Angst. Die Ärztin, die sehr gewissenhaft ist, machte mir leise Vorhaltungen, dass mit solchen Symptomen, die sich nach Lungenentzündung anhörten, nicht zu spaßen sei, und ich unbedingt zum Röntgen kommen und vielleicht Antibiotika einnehmen müsse. Wir haben zweimal miteinander telefoniert, danach nicht mehr. Ich merkte: Immer, wenn ich mit ihr sprach, ging ich in die Angst, machte mir schreckliche Vorstellungen, was mit mir jetzt wohl geschehen würde, und dachte sogar darüber nach, ob ich bei einem eventuellen Ableben auch alles geregelt hätte. Ich glaube, ich hörte Saint Germain in diesen Minuten laut lachen. Als ich diese Gedanken und Ängste ablegte, war ich wieder im Vertrauen. Ich fühlte, dass ich wieder gesund werden würde, ohne Medikamente und Ähnliches – nur mit meiner Hilfe, mit der der geistigen Helfer und meines Höheren Selbst.

Ich kann mir gut vorstellen, dass einige Leser jetzt den Kopf schütteln und sagen: „Wie unvorsichtig, das ist sehr leichtsinnig." Nein, im Nachhinein weiß ich, dass es ums Vertrauen ging. Ich sollte ein paar Dinge loslassen, ich hatte vorher eine stressige Zeit, ich war umgezogen. (Einige Freunde sagen, ich zöge gerne um. Das stimmt, ich liebe es, umzuziehen.) Ich hatte mich also ein bisschen übernommen und war offen für die Lungenentzündung. Wobei ich heute sicher bin, dass sie mir sogar willkommen war, weil ich damit einige alte Prägungen loslassen konnte, die auch physisch ausgeschwemmt wurden. Außerdem war es wirklich eine Zeit der Stille und Ruhe. Ich konnte nicht schreiben, keine Mails beantworten, wenig telefonieren, und ich habe kaum gelesen. Ich bin viel mit mir selbst und in mir gewesen, bin innerlich gereist, habe ein paar alte Prägungen noch einmal angeschaut, mir meine Familienbindungen noch näher angesehen und sanft lächelnd erkannt, warum es manchmal mit meinem Sohn ein bisschen kracht. Das war plötzlich so klar zu sehen. „Wie schön", dachte ich mir, „ich verstehe."

Dieses tiefe Mit-mir-selbst-Sein hat viele Erkenntnisse gebracht, die mir, rückwirkend betrachtet, den weiteren Weg geebnet haben. Und das so wichtige Vertrauen habe ich dabei auch weiterentwickelt. In der Zeit war mir auch Maria Magdalena sehr nah. Sie hat mir bestätigt, dass die Lunge ein Organ ist, das mit Vertrauen zu tun hat. Hier sind alte Prägungen gespeichert, die mit dem Vertrauen zu sich selbst und letztlich dem Vertrauen zu dem Gott in einem selbst in Verbindung gebracht werden. Mit dem Atem des Lebens ist dort auch das Thema „Tod" verankert.

Maria Magdalena ist eine Vertreterin der Göttlichen Mutter in dieser Zeit. Mit ihr gemeinsam ist der Weg der Klärung sehr liebevoll. Sie gibt einem Kraft und nährt einen wie eine Mutter. Es ist die Kraft, die wir eigentlich alle in uns haben, Männer wie Frauen, die wir aber oft nicht fühlen können, weil sie von alten Erlebnissen aus diesem oder aus anderen Leben überlagert ist. Maria Magdalena hat mir gezeigt, wie ich meine Mutterthemen auflösen kann. Sie zeigte mir den Weiblichen Weg der Klärung. Der sah so aus: Ich legte meine Hand auf mein Herz. Ich tat das mit der Hand, die mir gerade in den Sinn kam. Ich hielt die Verbindung zu meinem Herzen und atmete tief ein und aus. Dann kamen alte Gefühle von Trauer, Angst und Nicht-geliebt-Sein hoch. Ich sah plötzlich Situationen aus diesem Leben ... manchmal auch Sequenzen aus mir unbekannten Leben. Aber das meiste war aus diesem Inkarnationskleid. Maria Magdalena sagte zu mir, ich solle dabei weiter tief atmen, mit dem Herzen in Verbindung bleiben und nicht aus diesem Kontakt herausgehen. So habe ich mir, mit kleinen Hustenschüben und Brustschmerzen auf dem Sofa liegend, viele kleine Szenen und damit verbundene Emotionen angeschaut und sie dann losgelassen. Als ich Maria Magdalena fragte, was ich noch tun solle, sagte sie nur: „Nichts, du bist in die tiefe Gnade der Göttlichen Mutter gehüllt." Das war sehr beeindruckend. Ich fühlte es ganz deutlich: Die gespeicherten Muster sind aufgelöst. Da viele solche Muster in einem selbst ruhen, wir manchmal auch von anderen etwas aufnehmen oder in dieser spannenden Zeit, in der die Erde sich auch stark häutet, für das Kollektiv arbeiten, sind solche Gefühle natürlich immer mal wieder da. Ich lege sehr oft eine Hand auf mein Herz und fühle tief in mich hinein. Dort spüre ich sofort die Göttliche Mutter und fühle mich dabei geliebt, getragen, geehrt. Dann geht's mir sofort besser, was immer mich vielleicht gerade bewegt hat oder welche Prägungen es auch sind, die gehen wollen.

In meinem Leben sind, so hoffe und glaube ich, keine tief greifenden Dinge mehr zu klären. Was nicht bedeutet, dass ich nicht auch, wie eben beschrieben, ab und an in die Dramatik falle. Aber eben nicht mehr so tief, dass ich nicht weiß, wie ich da wieder herauskommen soll. Die tiefen Ängste, die fast depressionsartigen Schübe, die wohl jeden von uns (besonders die alten Seelen) immer mal wieder erreichen, lassen sich so in kleine Unpässlichkeiten verwandeln. Ich spürte in diesen Situationen auch, dass sogar kleine Erkenntnisse zu mir kamen. Es war, als ob sie mir eingeflüstert worden wären, und sie betrafen die jeweiligen Ursachen für Angst, Trauer oder Sorgen, die mich erreicht und belegt hatten. Ich hatte plötzlich Ideen, wie ich das klären konnte. Das war und ist sehr beeindruckend.

Ich betrachte dies als den Weiblichen Weg, den ich beschreite. Es gab Zeiten, in denen ich sehr viel von Kollegen, besonders solchen aus USA, las, weil ich dachte, sie wüssten viel mehr. Ich spüre gerade, wie Kryon lacht. Ja, ich dachte, sie wüssten es besser und dass in den USA das Zentrum der neuen Spiritualität liege. Kryon, mit dem ich 2001 zu arbeiten begann, hat mir diesen Zahn langsam, aber stetig gezogen. Ich lese heute natürlich immer noch gern – das brachte der Beruf der Journalistin mit sich und ich war schon als Kind eine Leseratte. Aber ich lese auch „nicht spirituelle" Bücher, und wenn ich spirituelle Literatur lese, dann oft deutschsprachige, weil ich verstanden habe, dass hier, im deutschsprachigen Raum, viel weibliche alte Energie gespeichert ist. Hier ist die Göttliche Mutter auf eine Art präsent, die unserer Mentalität entspricht. Mir war das früher nicht so bewusst, aber heute weiß ich: Wir sind hier inkarniert, weil wir hier sicher schon oft waren. Vielleicht sind wir die bekannten alten Dichter und Denker, Erfinder und politischen Führer. Wir sind diese Mentalität, wir haben sie geformt. Und jemand, der zum Beispiel Wissen aus Amerika vermittelt, kommt aus einer anderen Tradition. Das bedeutet ja nicht, dass wir nicht auch Indianer oder alte Tibeter sind. Aber unser Hauptaugenmerk scheint auf Europa und diesem Mittelpunkt zu liegen.

Kryon spricht, wenn er von bahnbrechenden Neuerungen spricht und davon, wo diese entstehen, bewusst nicht von Deutschland. Er spricht von einer Zone in der Mitte von Europa, die deutschsprachig ist, sich aber auch auf die nicht deutschsprachigen Nachbarländer ausdehnt. Er sagt, hier sei viel altes Wissen verankert. Wir werden dieses Wissen wieder offenbaren und neu belegen beziehungsweise anzapfen. Dieses Wissen wird mit der weiblichen Kraft aktiviert, mit der Kraft der Göttlichen Mutter. Sicher gibt es auch viel Wissen in anderen Ländern und auf anderen Kontinenten, aber jedes mitteleuropäische Gebiet hat sein ureigenes Wissen. Wir sind jetzt hier inkarniert, um dieses Wissen wieder zu etablieren, um es zu verankern und es jedem, der es leben möchte, zu offenbaren. Dies geschieht nicht unbedingt, indem Wissen weitergegeben wird, sondern über die Ebene des höheren Gefühls, die der allumfassenden Liebe. Wer mit dem Herzen schaut, der sieht mehr, der sieht umfassend.

Um nochmals auf die lieben Freunde jenseits des Atlantiks zu sprechen zu kommen: Sie haben ihre eigene Art, ihr altes Wissen wieder zu beleben und zu verbreiten. Wenn wir uns kurz die Zeit nehmen, Europa zu erfühlen und danach Amerika und Asien, dann sind es im wahrsten Sinne des Wortes „verschiedene Welten", die dabei spürbar werden. Nun mag der eine oder andere Leser einwenden: „Wir sind doch letztlich alle von Außerirdischen besamt worden, und die Erfahrungen sind im morphogenetischen Feld alle gespeichert und für alle zugänglich." Das stimmt, aber wir spüren an den Orten, an denen wir leben, jeweils die dort gehaltene und wirkende Energie. Sie spiegelt das wider, was dort auf der Erde geschieht. Ich sage bewusst nicht „geschah", denn letztlich ist ja alles gleichzeitig. Alle Inkarnationen sind *jetzt*. Wir leben also auf verschiedenen Erden, die alle nebeneinander bestehen. Indem wir inkarnieren, switchen wir wie mit einer Fernbedienung hin und her. Wir suchen uns auf der anderen Seite des Schleiers immer wieder etwas Neues aus, aber das geschieht nicht nacheinander – für uns, menschlich gedacht, vielleicht, aber nicht von höheren Warte aus betrachtet.

Wir leben nun an einem Ort, an dem wir schon einmal gelebt haben, den wir durch unsere Art zu leben – was und wie genau sie auch ausgesehen haben mag – prägten. Wir kommen zurück in das Gebiet, wo wir wohl am häufigsten inkarniert oder wo wir unsere tiefsten Erfahrungen – die noch aufgelöst und transformiert werden wollen – gemacht haben. Und vielleicht sind wir auch hier, um alte, vielleicht sogar uralte Prägungen, die jetzt für diese Zeit so wichtig sind, wieder neu zu aktivieren. Das muss nicht unbedingt bewusst geschehen. Denn vieles, was wir auflösen, verändern und neu beleben, geschieht mit der Führung des Höheren Selbst und wird von höherer Ebene aus eingeleitet. Vielleicht legen wir Lichtbahnen, wie Jesus es tat, oder wir öffnen neue Meridiane, die wir mit alten verbinden. Möglicherweise aktivieren wir Atlantisches Wissen, wie Rudolf Steiner es passend in seiner Zeit auch tat. Wie Saint Germain gern sagt: Wir werden dort sein, wo wir gebraucht werden, und das in einer Form, die er als „weiße Ritter" bezeichnet – oft im Hintergrund verweilend und recht unspektakulär –, wir tun einfach nur das Richtige im richtigen Augenblick.

Wenn wir Europa betrachten, sehen wir, dass sich hier sehr viel tut. Hier geschehen auch Dinge, die nach Zusammenbruch aussehen, und das macht uns sicher auch etwas ängstlich. Aber wir wissen: Ohne diese Einbrüche kann nichts Neues entstehen. Ich spüre die starke männliche Energie, die dies einleitet, allerdings initiiert von der hohen Göttin. Sie gebiert die neuen Strukturen, die jetzt, nach einem Zusammenbruch, entstehen und die ganz andere Grundpfeiler haben. Sie sind in sich tragend und nährend und zum Wohle aller. Deutschland geht den Weg des Ausstiegs aus der Atomkraft, obgleich unsere Nachbarn noch zögern. Ich bin sicher, auch da werden viele nachziehen. Und ich hoffe nicht, dass das erst dann passiert, wenn weitere Unfälle dieser Art geschehen sind. Ich spüre soeben, dass Kryon den Kopf schüttelt. Er vermittelt mir, dass andere Naturereignisse unsere Aufmerksamkeit erfordern werden. Die Erde reinigt sich, aber auch hier spüre ich deutlich die Kraft der Göttlichen Mutter. Sie ist wie eine Mutter, die weiß, dass einige Dinge im Leben des Kindes geschehen *müssen*, damit es versteht, wo der Sinn des Lebens liegt. So kommt es mir auch bei uns vor: Die Göttliche Mutter – auch repräsentiert durch Mutter Erde – muss gewisse Dinge zu ihrer eigenen Reinigung und der Neuausrichtung ihres Weges einleiten, aber sie tut es so sanft, wie es ihr möglich ist, und mit ganz viel Schutz. Das spürt man, wenn man tief in sich hineinfühlt. Man sieht diesen Schutz vielleicht nicht unbedingt äußerlich, auch wenn man oft kleine Wunder bemerkt, wie zum Beispiel bei dem Tsunami 2004, als eine kleine Insel, die mitten im Tsunamigebiet lag, verschont blieb, weil dort altes Wissen lagert, das für die Menschheit wichtig ist. Wenn man noch tiefer hineinfühlt, spürt man die Liebe, die tiefe Achtung, die uns die Göttliche Mutter entgegenbringt. Diese Liebe ist der Nektar in dieser Zeit der Neuerschaffung des Lebens auf der Erde. Die vielen kleinen Schritte, die wir machen, um zum kosmischen Menschen zu werden und mit der Erde gemeinsam diesen Weg zu gehen, werden „mütterlich" getragen.

Ich spüre für mich selbst viel Güte, wenn ich in Kontakt mit Maria Magdalena gehe oder direkt in die Energie der Göttlichen Mutter. Eine Güte, die mich daran glauben lässt, dass wir auf einem wunderbaren Weg sind und dass wir wirklich nur aus dem Herzen leben sollten.

Dieser Weg trägt uns, er trügt uns nicht. Dennoch haben wir alle noch Speicherungen, die uns vermitteln: Gott hat uns verlassen. Diese Prägungen stammen vielleicht aus Atlantis oder aus Erfahrungen eines Lebens, in dem wir dachten, dass es Gott nicht gebe und dass wir allein, verlassen und von niemandem geliebt seien. Diese Prägungen sollten als Nächstes entlassen werden. Wir sind jetzt dabei, die Wurzeln zu kappen. Seit Jahren haben wir viele karmische Imprinte aufgelöst, uns alte Muster angesehen und sie transformiert. Nun nähern wir uns den zähen und hartnäckigen Wurzeln, die uns immer wieder vermitteln wollen: Wir sind getrennt von Gott und Göttin, wir sind nur ein Mensch, wir sind unwichtig und nicht geliebt. Entfernen wir diese Wurzeln, um das wunderbare Licht von Gott und Göttin noch stärker zu spüren! Das ist natürlich auf viele Arten möglich. Wenn wir uns die alten Mysterienschulen anschauen, gab es mindestens zwei Wege, um sich selbst näher zu kommen: den Männlichen und den Weiblichen. Ich denke, beide sind „geehrt und geliebt", wie Kryon gern sagt. Aber da wir wissen, dass ein neues Zeitalter der weiblichen Kraft angebrochen ist, macht es für mich Sinn, diesen Weg nicht mit dem Kopf und mit dem intellektuellen Wissen zu gehen, sondern über das Herz. Die Wissenschaftler haben herausgefunden, dass das Herz auch denkende Gehirnzellen und den größten Torus[*] um sich herum hat – er ist viel größer als der des menschlichen Gehirns. Man vermutet, dass das Herz das Zentrum des Lebens, der Schöpfung, ist. Das hat Kryon hier in diesem Buch ganz deutlich gemacht. Viele Menschen sind unsicher, wenn sie vom Weiblichen Weg hören, besonders Männer. Da sind sicher viele Missverständnisse aufzudecken. Der Weibliche Weg ist der Weg des Herzens. Und das Verrückte dabei ist (und so spüre ich es auch in mir): Es ist der einfache Weg.

Bleibt noch die Frage: Warum wollen wir es uns kompliziert machen? Warum wollen wir die vielen Veränderun-

---

[*] Ein wulstartig geformtes geometrisches Gebilde, das mit der Form eines Schwimmrings verglichen werden kann (Anm. d. Hrsg.)

gen auf der Erde in Politik, Wirtschaft und sozialem Miteinander mit dem Verstand angehen? Warum nicht mit dem Herzen? Es lohnt sich wirklich, ein bisschen darüber nachzudenken, wie wir mit der Energie des Herzens umgehen können. Saint Germain spricht oft von diesen Veränderungen, die auch von der tiefen Weiblichkeit eingeleitet werden.

Vielleicht wundern Sie sich nun, dass ich meist Kryon und Saint Germain oder Erzengel Michael channele. Sie erscheinen doch männlich, oder? Nein, sie haben beides in sich vereint oder es wahrscheinlich nie voneinander getrennt. Alle meine lieben geistigen Freunde erlebe ich in den letzten Jahren sehr weiblich! Können Sie sich Kryon als Frau vorstellen? Sie schmunzeln? Oder noch lustiger: Saint Germain in wallenden Kleidern? Das assoziieren wir ja mit Weiblichkeit, oder? Ich spüre Kryon und Saint Germain herzlich lachen.

In diesem Sinne wünsche ich Ihnen eine schöne Zeit und bis bald.

Herzlichst
Ihre *Barbara Bessen*

PS: Ich würde mich freuen, Sie einmal auf einem Seminar oder auf einer Reise begrüßen zu dürfen. Etwas länger in dieser schönen Energie von Kryon und anderen geistigen Wesen und der Verbindung zum Höheren Selbst zu sein ist wundervoll.

Zur Autorin

Barbara Bessen wurde 1949 geboren und arbeitete 25 Jahre lang als Journalistin. Seit 2002 channelt sie die Erzengelwesenheit Kryon, zuerst in Einzelsitzungen und kleinen Gruppen, jetzt ist sie in ganz Europa unterwegs, um die Botschaften von Kryon durch Vorträge und Seminare zu verbreiten. Seit drei Jahren bietet sie auch Reisen unterschiedlicher Art an, die es ermöglichen, länger in der hohen Energie der geistigen Welt zu sein. Sie ist Mutter eines Sohnes und lebt in der Nähe von Eckernförde und in Hamburg.

www.kryon-deutschland.com

Veranstaltungen und Reisen

Wenn Sie Lust haben, meine geistigen Freunde und mich direkt zu erleben, besuchen Sie unsere Internetseite
www.kryon-deutschland.com.
Dort sind alle Veranstaltungen und Reisen aufgeführt. Wenn Sie keinen Internetzugang haben, schreiben sie uns einfach. Hier unsere Postanschrift:

Büro Barbara Bessen
Postfach 11 33 06
20457 Hamburg
Tel.: 040–37 50 32 01
E-Mail: *info@kryon-deutschland.com*

Wir veranstalten spannende Reisen für Sie. So fahren wir beispielsweise nach Amrum, Lesbos, Bali und ins Allgäu. Nähere Informationen gibt's im Büro, direkt immer jeden Mittwoch von 9 bis 12 Uhr. Außerdem sind wir für Ein- oder Zweitagesseminare in Deutschland, Österreich oder der Schweiz unterwegs. Wir freuen uns, wenn Sie dabei sind!

170 Seiten, gebunden
ISBN: 978-3-86264-234-2
16,90 €

www.nietsch.de

36 Karten, 4-farbig
ISBN: 978-3-86264-223-6
14,90 €

45 Karten, 4-farbig
ISBN: 978-3-939570-61-5
14,90 €

CD, 45 Min.
Gesprochen von
Barbara Bessen
ISBN: 978-3-86264-222-9
14,90 €

CD, 45 Min.
Gesprochen von
Barbara Bessen
ISBN: 978-3-939570-40-0
14,90 €

CD, 45 Min.
Gesprochen von
Barbara Bessen
ISBN: 978-3-86264-006-5
14,90 €

www.nietsch.de

Band 1 der Trilogie
Ein Kurs in Liebe

240 Seiten, gebunden
ISBN: 978-3-939570-12-7
18,90 €

Band 2 der Trilogie
Ein Kurs in Liebe

255 Seiten, gebunden
ISBN: 978-3-939570-38-7
18,90 €

Band 3 der Trilogie
Ein Kurs in Liebe

255 Seiten, gebunden
ISBN: 978-3-939570-59-2
18,90 €